O MAMBEMBE

Artur Azevedo (1855-1908)

O MAMBEMBE
Artur Azevedo
José Piza

Edição organizada por
LARISSA DE OLIVEIRA NEVES

SÃO PAULO 2010

*Copyright © 2010, Editora WMF Martins Fontes Ltda.,
São Paulo, para a presente edição.*

1ª edição 2010

Acompanhamento editorial
Helena Guimarães Bittencourt
Preparação da edição
Luzia Aparecida dos Santos
Revisões gráficas
Marisa Rosa Teixeira
Daniela Lima
Produção gráfica
Geraldo Alves.
Paginação
Moacir Katsumi Matsusaki

**Dados Internacionais de Catalogação na Publicação (CIP)
(Câmara Brasileira do Livro, SP, Brasil)**

Azevedo, Artur, 1855-1908.
 O mambembe / Artur Azevedo, José Piza; edição organizada por Larissa de Oliveira Neves. – São Paulo : Editora WMF Martins Fontes, 2010. – (Dramaturgos do Brasil)

 ISBN 978-85-7827-119-0

 1. Dramaturgos 2. Teatro brasileiro 3. Teatro brasileiro – História e crítica I. Piza, José. II. Neves, Larissa de Oliveira. III. Título. IV. Série.

09-02548	CDD-869.92

Índices para catálogo sistemático:
1. Teatro : Literatura brasileira   869.92

Todos os direitos desta edição reservados à
Editora WMF Martins Fontes Ltda.
*Rua Conselheiro Ramalho, 330 01325-000 São Paulo SP Brasil
Tel. (11) 3293.8150 Fax (11) 3101.1042
e-mail: info@wmfmartinsfontes.com.br http://www.wmfmartinsfontes.com.br*

COLEÇÃO "DRAMATURGOS DO BRASIL"

Vol. XX – Artur Azevedo e José Piza

Esta coleção tem como finalidade colocar ao alcance do leitor a produção dramática dos principais escritores e dramaturgos brasileiros. Os volumes têm por base as edições reconhecidas como as melhores por especialistas no assunto e são organizadas por professores e pesquisadores no campo da literatura e dramaturgia brasileiras.

Coordenador da coleção: João Roberto Faria, professor titular de Literatura Brasileira da Universidade de São Paulo.

Larissa de Oliveira Neves, que preparou o presente volume, é professora de dramaturgia, teoria e história do teatro no Departamento de Artes Cênicas da Unicamp. Doutora em Teoria e História Literária pela Unicamp, defendeu a tese "As comédias de Artur Azevedo – em busca da história".

ÍNDICE

Introdução IX
Cronologia XXXV
Nota sobre a presente edição. XLI

O mambembe 1

Anexo 253

INTRODUÇÃO

O MAMBEMBE: A DESCOBERTA DA OBRA-PRIMA

Em cena

Uma nova edição de *O mambembe*, no centenário de falecimento de Artur Azevedo, representa não só uma rica homenagem ao nosso primeiro homem de teatro, mas também uma ótima oportunidade para o leitor entrar em contato, de maneira leve e divertida, com uma série de informações sobre a vida teatral do começo do século XX. A peça, uma das melhores que o comediógrafo nos deixou, permite-nos mergulhar num passado não tão distante como à primeira vista possa parecer e reviver o dia a dia de uma típica companhia de teatro de cem anos atrás.

Ao lado de *A Capital Federal*, a burleta[1] *O mambembe* (escrita em parceria com José Piza) aparece nos anais de nosso teatro como obra-prima de Artur Azevedo. No entanto, apesar das semelhanças entre ambas (ritmo rápido das revistas de ano, uso da música ligeira, temática nacional, enredo de comédia de costumes, personagens bem caracterizadas e engraçadas), *O mambembe*, ao contrário de *A Capital Federal* – um dos maiores sucessos teatrais da virada do século XIX para o XX –, não atraiu o público carioca durante suas primeiras representações, realizadas em dezembro de 1904, pela companhia do empresário Francisco de Mesquita, no teatro Apolo.

Encarregaram-se da interpretação dos principais papéis atores cômicos bastante populares à época, como Brandão, Peixoto, Machado e Eduardo Leite. O papel da heroína Laudelina coube a uma talentosa iniciante: Cecília Porto. A música fora especialmente composta pelo maestro Assis Pacheco e a cenografia, criada por jovens artistas, correspondeu às expectativas do autor. Não foi sem motivos, portanto, que os jornais anunciaram o espetáculo como promessa de grande êxito. A peça, no entanto, saiu de cartaz cerca de um mês depois da estreia.

---

1. Peça cômica, com temática baseada nos costumes brasileiros, entremeada de números musicais.

As seguintes linhas, publicadas no jornal *O País*, demonstram o clima de expectativa em torno da mais recente obra escrita pelo comediógrafo mais querido pelo público da época:

> Quarta-feira, 7 do corrente, será definitivamente levada à cena em primeira representação a brilhante peça *Mambembe*, magistralmente escrita pelos comediógrafos brasileiros Artur Azevedo e José Piza para os artistas do teatro Apolo.
>
> Podemos desde já garantir que os autores foram felizes no seu trabalho, cujo encanto é aumentado pela graciosa música do talentoso maestro Assis Pacheco e pela cenografia deslumbrante, da qual se destaca a apoteose do 2º ato representando a serra da Mantiqueira.
>
> É uma feliz concepção em que o cenógrafo foi brilhantemente secundado por Augusto Coutinho, que tem nesse quadro talvez seu melhor trabalho de maquinismo.
>
> Assim, pois, tudo faz prever um sucesso com a representação do *Mambembe*, que tão cedo não sairá do cartaz do elegante teatrinho da rua do Lavradio.[2]

Infelizmente o cronista estava enganado. Para lamento dos autores e do empresário teatral Francisco de Mesquita, que encomendou o texto e investiu uma boa soma na construção da "cenografia deslumbrante" – tão ao gosto dos

---

2. "Artes e artistas, 'O mambembe'". In: *O País*, 04/12/1904.

espectadores –, *O mambembe* não atraiu o público. Quando pensamos nas qualidades do texto e em sua adequação às preferências da audiência daquele momento em que predominavam os gêneros teatrais musicados e de diversão, torna-se tarefa bastante difícil justificar tal reação por parte dos habitantes do Rio de Janeiro. Artur Azevedo procurou fazê-lo em diversas crônicas, sem, todavia, encontrar um motivo convincente para o fracasso de bilheteria.

Num primeiro momento, ele explicou a diminuição no número de espectadores utilizando-se de um fator que, apesar de não ter ligação direta com o espetáculo, interferia no ânimo do cidadão carioca quando este cogitava sair do conforto de seu lar: a chuva.

> A peça agradou também ao público; mas tem sido, infelizmente, perseguida pelo mais implacável inimigo das nossas empresas dramáticas: o mau tempo. Quando chove, o público do Rio de Janeiro não vai aos teatros, e tem toda a razão, porque nem estes são resguardados, nem o preço dos carros, depois dos espetáculos, é acessível a todas as bolsas.[3]

Com o passar de alguns dias sem um aumento considerável de público, a justificativa

---

3. AZEVEDO, Artur, "O teatro". In: *A Notícia*, 16/12/1904.

para o fracasso recaiu sobre a ausência de pornografia no espetáculo.

Faltava-lhe, porém, o tempero, sem o qual não há peça que não repugne ao paladar do nosso público: faltava-lhe a pornografia de que fala *Pangloss*[4], faltava-lhe mesmo a ambiguidade e a malícia, tão ao sabor da maioria dos espectadores, e, apesar de certas concessões feitas ao vulgo, como fosse uma apoteose absurda, muito justamente criticada pelo *Jornal do Comércio*, o *Mambembe* morreu do mesmo mal de sete dias que vitimou a *Fonte Castália*.[5]

Assim, na opinião de Artur Azevedo, a falta do *double sens* (a ambiguidade com conotação sexual nas falas das personagens, comum nas revistas portuguesas e brasileiras do fim do século XIX) e a chuva, que caiu durante quinze apresentações seguidas, teriam impedido o sucesso da graciosa burleta a ponto de, no início de janeiro de 1905, ela ser substituída pela comédia "livre" *Pouca sorte* (utilizava-se o adjetivo "livre" para denominar as peças recheadas de malícia e de ambiguidades alusivas à sexualidade).

---

4. Alcindo Guanabara, cronista do jornal *O País*, que publicou artigo sobre a situação dos teatros.
5. Opereta de Artur Azevedo encenada naquele mesmo ano de 1904, também sem sucesso de público (AZEVEDO, Artur, "Sobre teatro". In: *O País*, 26/12/1904).

Tais explicações não nos parecem plausíveis, tendo em vista que outras peças musicadas, de Artur Azevedo inclusive, sem as piadas apimentadas, agradaram ao público, e que a chuva era (como ainda o é) uma constante nos verões cariocas. O próprio comediógrafo, em outra crônica, forneceu-nos a pista para o desvendamento dessa questão. Ao analisar o desempenho dos atores, em crítica após a estreia, escreveu ele:

> O ser coautor da nova peça não me inibe de dizer que o desempenho dos papéis esteve na altura da excelente companhia daquele teatro; um crítico exigente repararia, talvez, que **nalgumas cenas a representação foi um tanto arrastada**, mas espero que esse inconveniente desapareça de hoje em diante.
>
> Releva dizer que **o *Mambembe* foi ensaiado e encenado em muito pouco tempo**: um mês, pouco mais ou menos, e durante esse mês ensaiaram-se dois quadros novos do *Badalo*, e fizeram-se reprises do *Pé de cabra* e do *Esfolado*. **Não admiram, pois, certas hesitações que, repito, hão de desaparecer**.[6]

Uma interpretação "um tanto arrastada", com "certas hesitações", indiscutivelmente diminuiria o potencial artístico de uma peça cujo dinamismo

---

6. AZEVEDO, Artur, "O teatro". In: *A Notícia*, 08/12/1904. Grifo nosso.

constitui uma de suas características fundamentais. As seções de teatro dos principais jornais do Rio de Janeiro elogiaram unanimemente as qualidades literárias do texto. Encontramos, porém, comentários sobre falhas na encenação em mais dois artigos, ambos publicados no *Jornal do Brasil*. Primeiramente, o jornalista responsável pela seção "Palcos e salões" escreveu:

> A burleta não tem uma escabrosidade, um dito de mau gosto sequer. Todavia a possam achar um bocadinho longa, mas isso não se achará quando a representação estiver mais certa, mais correntia, isso que em nossos teatros não se consegue mais obter em uma *première*.[7]

Não sendo a peça longa, ainda mais para os padrões do século XIX, em que os espetáculos duravam de três a quatro horas, essa impressão adveio, provavelmente, da falta de fluidez do espetáculo, pouco "correntio".

Batista Coelho dedicou duas crônicas de seu rodapé "Ribaltas e gambiarras" à peça. Na primeira limitou-se a resumir o enredo, na segunda comentou o texto e a encenação. Em relação àquele, os elogios acompanharam o entusiasmo geral presente nas críticas dos demais jornalistas; já na crítica ao espetáculo, apontou diversos

---

7. "Palcos e salões". In: *Jornal do Brasil*, 09/12/1904.

problemas visualizados por ele nos figurinos, no entrosamento e na marcação dos atores[8], para então concluir:

> São coisas que passam despercebidas à maioria dos espectadores, mas que observadas agradariam muito mais a todos, dariam muito mais realce à peça, que é um estudo de costumes feito com a intenção de reproduzir, o mais aproximadamente possível, usos pitorescos.[9]

Tais observações levam-nos a deduzir que o fracasso das primeiras representações de *O mambembe* deveu-se à rapidez com que a peça foi preparada para a cena. O pouco tempo de ensaios era prática comum entre as companhias até o advento do teatro moderno, na década de 1940. O texto, bastante complexo no que concerne à encenação, devido ao grande número de personagens, ao ritmo veloz das cenas e às mudanças constantes de cenários, provavelmente perdeu grande parte de sua encantadora vibração no espetáculo lento e de marcação pouco harmônica. Corrobora tal opinião o sucesso estrondoso da segunda encenação da peça, realizada 55 anos depois, com enorme apuro de técnica e de representação, pelo Teatro dos Sete, companhia

---

8. Marcação: posicionamento dos atores em cena.
9. "Ribaltas e gambiarras". In: *Jornal do Brasil*, 15/12/1904.

que tinha à frente o diretor Gianni Ratto e os atores Fernanda Montenegro, Fernando Torres, Sergio Britto e Ítalo Rossi. O grupo seguia um estilo de representação que ganhava força no teatro nacional daquele momento: a escolha de textos brasileiros para a realização de encenações cuidadosas, preparadas com o espírito de unidade do teatro moderno.

Em 1959, ano de estreia de *O mambembe*, o teatro moderno no Brasil já passara por uma primeira fase, de aprendizado com base em textos e encenadores estrangeiros, e ansiava pela nacionalização. Os novos grupos que surgiam então, entre eles o Teatro dos Sete, buscavam aliar a qualidade do espetáculo com textos e temas essencialmente brasileiros. E existiria peça mais caracteristicamente brasileira do que *O mambembe*, que reúne a comédia de costumes (nossa única tradição teatral vinda do século XIX), a música nacional, a mistura de tipos caipiras com tipos urbanos do Rio de Janeiro, as festas populares? Além disso, a estrutura da burleta, com sua natureza espetaculosa, consistia num material rico e instigante para um cenógrafo e diretor criativo como Gianni Ratto, que tinha, ainda por cima, atores talentosos ao seu lado, dispostos a trabalhar intensamente. A escolha do texto, portanto, para o espetáculo inaugural da companhia, ajustou-se às aspirações do jovem grupo de artistas.

O resultado não poderia ser melhor. Constatamos o grande sucesso de público e de crítica a partir deste comentário de Bárbara Heliodora, acerca do esforço do diretor em alcançar o efeito máximo diante de tudo o que o texto poderia oferecer:

> Como em todos os espetáculos que dirige, é patente que, em *O mambembe*, Gianni Ratto esgotou os estudos que se pudessem fazer do texto e em torno deste. Como resultado, o espetáculo obedece, todo ele, a uma força coordenadora inteligente, consciente, que tem por objetivo a transmissão integral da visão do artista criador, isto é, do autor. Num espetáculo no qual tomam parte sessenta figuras, há uma coordenação precisa, uma noção exata da contribuição do espetáculo total.[10]

Como se vê, trata-se de um trabalho complexo, com sessenta atores, que exige uma "coordenação precisa" para a perfeita harmonia do todo. Foi o que faltou ao espetáculo de 1904. Somente se conheceria o potencial cênico de *O mambembe* a partir de sua encenação em moldes modernos, coordenada por um verdadeiro diretor, capaz de visualizar o espetáculo como

---

10. HELIODORA, Bárbara, "De como se deve amar o teatro: 'O mambembe' pelo Teatro dos Sete". In: *Jornal do Brasil*, 21/11/1959. Suplemento Dominical, p. 6.

uma totalidade em que cada elemento trabalha para compor um conjunto em perfeito equilíbrio. Esse fato ajuda a ressaltar as qualidades literárias da peça, já que, apesar do alto número de elementos e da rapidez de ação, as cenas seguem-se umas após as outras sem nenhum entrave, numa fluidez que comprova o bom trabalho do escritor ao elaborar uma trama de urdidura intrincada, a despeito da simplicidade dos caracteres e das situações.

A difícil vida do artista de teatro mambembe

O lançamento de uma edição bem cuidada de O mambembe representa uma perfeita homenagem ao seu autor não apenas por trazer a público um de seus melhores textos, mas também porque essa peça, mais que qualquer outra, permite ao leitor conhecer muito da personalidade generosa e batalhadora de Artur Azevedo. Em especial, encontramos expressa aqui toda sua intimidade com o meio teatral, dentro do qual ele figurava como um verdadeiro protetor de artistas, empresários e dramaturgos, além de lutar fervorosamente para a melhora na qualidade dos espetáculos, dos teatros, das peças e do trabalho dos artistas.

Para o enredo de *O mambembe*, Artur Azevedo criou uma companhia teatral nos moldes das existentes na virada do século XIX para o XX e, a partir das aventuras desse grupo de artistas saltimbancos pelo interior do país, retratou hábitos característicos das pequenas cidades brasileiras. A familiaridade com o tema auxiliou na obtenção de episódios que apresentam grande verossimilhança em relação à vida dos profissionais de teatro da época. Por meio do enredo, o autor inseriu, ainda, suas opiniões pessoais a respeito da prática teatral, bem como críticas relativas ao descaso dos governantes e da sociedade para com a arte dramática e os artistas. Essa característica pode ser constatada quando comparamos as cenas e situações do texto com ideias repetidas constantemente pelo autor em suas crônicas.

Podemos vislumbrar o posicionamento crítico de Artur Azevedo por trás de várias cenas da peça. Logo no primeiro quadro, ao satirizar o trabalho do fictício grupo amador "Grêmio Dramático Familiar de Catumbi", do qual fazem parte as personagens Laudelina, Dona Rita e Eduardo, identificamos uma das notas constantes em suas crônicas teatrais: a escolha do repertório por parte dos amadores. Artur Azevedo acreditava que, por não depender de bilheteria, os chamados "teatrinhos" tinham a obrigação de investir na educação do público. Para tanto, deveriam encenar apenas peças consideradas literariamente elevadas. As constantes repreensões do comediógrafo, nas linhas dos jornais, relativas a uma seleção inadequada de peças pelos amadores denotam que, afora alguns eventos específicos, o repertório dessas pequenas entidades não fugia aos melodramas franceses ou portugueses apresentados, também, pelas companhias profissionais.

Coerente com tal realidade, o grupo de *O mambembe* apresenta o melodrama do português Pinheiro Chagas, *A morgadinha de Valflor*. Essa peça, um velho dramalhão conhecido por todos à época, serve de mote à sátira ao repertório dos grupos amadores: ela já fora apresentada tantas vezes, que uma reencenação do texto por profissionais só poderia ser considerada um "tiro": "No S. Pedro um *tiro* com a *Morgadinha de Valflor*, o que prova, talvez, que o drama de Pinheiro Chagas atingiu a idade da compulsória."[11]

Termo de gíria teatral, "tiro" designava espetáculos organizados sem preocupação artística, para uma única apresentação, com vistas apenas a ganhar dinheiro com a bilheteria. Em *O mambembe*, as personagens recitam trechos do melodrama. Em visita a Dona Rita, madrinha da jovem Laudelina, e ansiando por declarar seu amor pela moça, Eduardo não encontra palavras melhores para expressar seus sentimentos do que

---

11. AZEVEDO, Artur, "O teatro". In: *A Notícia*, 27/01/1898.

aquelas recitadas na noite anterior, durante o espetáculo:

> Eduardo – Mas a morgadinha é ela, é dona Laudelina, sua afilhada, sua filha de criação, que "eu amo cada vez mais com um amor ardente, louco, dilacerante, ó Cristo, ó Deus!"
> Dona Rita – Esse pedacinho é da peça.
> Eduardo – É da peça, mas adapta-se perfeitamente à minha situação! "Sempre, sempre esta visão fatal a perseguir-me! No sonho, na vigília, em toda a parte a vejo, a sigo, a adoro! Como me entrou no coração este amor, que não posso arrancar sem arrancar o coração e a vida?" Tudo isto é da peça, mas vem ao pintar da faneca.

Para um público familiarizado com a peça, as cenas, além de engraçadas, remetem diretamente à realidade teatral daqueles anos. O episódio induz ao riso e ainda critica uma situação bastante comentada pelo autor nos folhetins jornalísticos: a escolha de dramalhões estrangeiros para serem representados por grupos amadores, em vez de estes se esforçarem para encenar comédias ou dramas nacionais. Desse modo, a burleta, logo de início, realiza a transposição do universo teatral da realidade para o ambiente fictício do texto dramático. A inserção de paradigmas teatrais nos episódios em que as personagens pertencentes ao mambembe estão fora de cena (a exemplo do uso das falas de um famoso melodrama pelas personagens em seu dia a dia) acontece em toda extensão da comédia. O jogo entre realidade e teatro caracteriza a estrutura metateatral da obra. A escolha de *A morgadinha de Valflor*, portanto, além de satirizar os costumes teatrais, mostra que haverá, a todo o momento, a inserção de elementos dramáticos convencionais nos episódios do cotidiano das personagens.

A atração exercida pelo teatro sobre Laudelina preocupa sua madrinha; surge, então, um novo assunto de interesse para o homem de teatro: o preconceito relativo à profissão de artista. Com medo de que sua afilhada recuse a proposta de casamento de Eduardo para se tornar atriz profissional, Dona Rita deseja afastar-se do teatrinho. Contudo, o objetivo não parece ser muito fácil:

> Dona Rita – Afastar-nos completamente do Grêmio Dramático Familiar de Catumbi. Se preciso for, mudar-nos-emos para outro bairro, e adeus teatrinho!
> Eduardo – Mas há teatrinho em todos os bairros!

A observação de Eduardo mostra-se bastante pertinente em relação à realidade da época: havia um grande número de teatrinhos espalhados pela cidade, a ponto de ser difícil alguém viver longe de um deles. No entanto, apesar do seu número, seria difícil haver uma melhora na situação teatral como um todo a partir dos clubes dramáticos, uma vez que as moças ou rapazes de "boa família" jamais trocariam os prazerosos e inocentes serões dramáticos para viver profissionalmente da arte. Artur Azevedo tinha plena consciência desse fato:

> Não me parece que se deva facilmente descrer do futuro do teatro num país onde se encontram simples amadores que representam na mesma noite a ópera, a comédia e a pantomima. Bem sei que o nosso palco não pode absolutamente contar com as senhoras e os cavalheiros que se exibiram no Cassino, mas o grande caso é que não faltam vocações dessa natureza em todas as classes da nossa sociedade, vocações que, em havendo um teatro sério, podem ser utilizadas com muito proveito para a arte.[12]

Enquanto "as senhoras e os cavalheiros que se exibiram no Cassino", clube composto de pessoas ricas, nunca deixariam de ser apenas amadores, em outras "classes da nossa sociedade" poderia estar a esperança de renovação – isso aconteceria, é claro, somente com o fim da visão preconceituosa impregnada na sociedade. Era nisso que apostava o nosso comediógrafo, e essa constituía uma das mensagens a serem transmitidas por *O mambembe*. O sonho expresso nas

---

12. AZEVEDO, Artur, "O teatro". In: *A Notícia*, 12/11/1896.

linhas dos jornais ganhava vida na obra dramática: Frazão, o empresário de *O mambembe*, busca a primeira-dama de sua companhia no teatrinho, e encontra Laudelina. O único obstáculo parece ser o zelo da madrinha Dona Rita, já que a moça não tem um sobrenome tradicional nem riquezas que possam ser "maculados" pela profissão malvista na sociedade. Dona Rita, apaixonada pelo teatro, faz questão de deixar claros os limites de sua paixão:

> Eduardo – A senhora é uma das mais distintas amadoras do Rio de Janeiro.
> Dona Rita – Obrigada. O teatro foi sempre a minha paixão... o teatro particular, bem entendido, porque na nossa terra ainda há certa prevenção contra as artistas.
> Eduardo – O preconceito.

E os cuidados para evitar a "perdição" de sua filha:

> Dona Rita – Como o senhor sabe, Laudelina é órfã de pai e mãe... não tem parentes nem aderentes... veio para a minha companhia assinzinha, e fui eu que eduquei ela. Quando descobri que a pequena tinha tanta queda para o teatro, fiquei contente, e consenti, com muito prazer, que ela fizesse parte do Grêmio Dramático Familiar de Catumbi, sob a condição de só entrar nas peças em que também eu entrasse. Mas lhe confesso,

seu Eduardo, que tenho os meus receios de que ela pretenda seriamente abraçar a carreira teatral...

Tais apontamentos são de extrema relevância para demonstrar a vontade do homem de teatro de mudar as concepções vigentes em relação à arte dramática e aos artistas. Nessa burleta em que se representa o universo teatral, fica evidente a interferência das ideias do crítico na produção ficcional: Laudelina, decidida a seguir a carreira de atriz, não escuta os apelos da madrinha ou do namorado. Nas entrelinhas, Artur Azevedo mantém a campanha de conscientização defendida veementemente na imprensa:

> Clotilde Maragliano desapareceu para a arte: casou-se com um distintíssimo cavalheiro, vantajosamente conhecido na sociedade carioca.
> Sirva o fato de argumento contra os que consideram o teatro um lugar de perdição, onde ninguém se salva. Só não se salva quem leva consigo, entrando nele, o firme propósito de perder-se.[13]
> (...) se o Teatro Municipal for, como espero, uma realidade, as senhoritas e os moços da mais fina educação nenhum escrúpulo deverão ter em abraçar a arte dramática. Guerra ao preconceito![14]

---

13. AZEVEDO, Artur, "O teatro". In: *A Notícia*, 12/03/1903.
14. *Idem*, 19/01/1899.

O preconceito, especialmente forte em relação às mulheres, associava às atrizes os atributos de leviandade e prostituição. Como sabemos, essa imagem demorou décadas para ser modificada; poucas pessoas, que conviviam intimamente com a classe artística, sabiam da inadequação do preconceito, extremamente acentuado até meados do século XX. Acrescente-se ainda que não somente as mulheres, mas os artistas em geral eram malvistos, sendo comparados a malandros e desocupados. Mudar essa situação seria possível somente através do desenvolvimento de um novo olhar da sociedade sobre a arte dramática como um todo (o que só veio a acontecer muitos anos depois). Previsivelmente, a persistente campanha nos jornais e as ações concretas de Artur Azevedo não tiveram efeito. Em 1895, por exemplo, criou-se a Sociedade "Teatro Brasileiro", uma malograda tentativa de promover a arte dramática. Nessa ocasião, ele escreveu:

> Os primeiros tempos hão de ser necessariamente penosos, será preciso oferecer combate a uns tantos preconceitos, lutar corajosamente contra o ridículo, que neste singular país é inseparável de toda a ideia cujo fundo não seja comercial ou político, afrontar com denodo a maledicência de uns, a desconfiança de outros, a estupidez de muitos... é mister muita abnegação, muito sacrifício, mas não importa, a Sociedade "Teatro Brasileiro" não recuará diante desses tropeços, e irá

por diante, quer tenha de afastar do seu caminho uma barra de ferro ou uma aluvião de lama.[15]

Os obstáculos a serem vencidos pela Sociedade eram de caráter moral: a incredulidade, o preconceito, a maledicência. A criação de uma companhia teatral honesta e trabalhadora, em *O mambembe*, corrobora a ideia contrária ao modo de pensar vigente: uma moça de família aceita seguir sua vocação artística, sem "se perder". Em contrapartida, o empresário da companhia precisa a todo o momento provar sua idoneidade: ao pedir empréstimos para obter os recursos necessários à viagem, percorre todo o Rio de Janeiro; quase desiste de receber um conto de réis, porque o empregado encarregado de levar-lhe o dinheiro atrasa propositadamente.

> Velhote (*só*) – O senhor Madureira faz mal. Emprestar um conto de réis a um cômico! Isto é gentinha a quem não se deve fiar nem um alfinete! Como sou amigo do senhor Madureira, que é um excelente patrão, demorei-me quanto pude no caminho, a ver se o tal Frazão partia sem o dinheiro! Este há de o senhor Madureira ver por um óculo!

Desmentindo o "Velhote", Frazão paga suas dívidas com os lucros obtidos na primeira parte

---

15. *Idem*, 28/03/1895.

da excursão. Depois de um mês, porém, a companhia já não consegue público bastante para garantir os lucros; os rendimentos, cada vez menores, não são suficientes para sustentar o grupo – e o empresário, longe da Capital, viajando por cidades onde não passa de um saltimbanco desconhecido, vê-se sem crédito.

Na cidadezinha de Tocos, os artistas procuram um lugar para se hospedar, já que o dono do único hotel exige pagamento antecipado.

> Frazão – A última companhia que aqui esteve pregou-lhe um calo de quatrocentos e oitenta e sete mil, duzentos réis.
> Laudelina – Como o senhor decorou a quantia!
> Frazão – Pelo hábito de decorar os papéis. Fiz-lhe ver que havia muita diferença entre um empresário da minha categoria e o Chico dos Tiros, que aqui esteve; mas todo o meu talento, toda a minha eloquência, todos os meus esforços foram vãos!

O trecho sublinha a existência de duas classes de artistas: os honestos (como Frazão), interessados em garantir a qualidade de seus espetáculos, e os pouco confiáveis (como Chico dos Tiros), responsáveis pela propagação do preconceito – os últimos representariam, na verdade, uma minoria dedicada a enganar o espectador desavisado. Os empresários de "tiros" ajudavam a ampliar a visão negativa sobre os artistas, prejudicando aqueles de fato trabalhadores (na peça, Chico dos Tiros extorque cinco contos de réis como pagamento para encenar um drama escrito por um rico com pretensões a dramaturgo, não realiza a tarefa de maneira adequada e acaba fugindo com o dinheiro, sem pagar o hotel).

Sem crédito, Frazão vê-se quase arruinado; não pode se hospedar com seus artistas no hotel de Tocos, tampouco tem dinheiro para voltar ao Rio de Janeiro. De maneira similar ao que acontece na burleta, na realidade cotidiana as dificuldades financeiras das companhias figuravam como um difícil problema para os empresários. A pobreza a que muitos atores se reduziam auxiliava a propagar as opiniões desfavoráveis à classe artística; dependentes da bilheteria, eles precisavam agradar ao público para sobreviver. Na fictícia empresa teatral, Frazão paga os ordenados dos artistas e suas dívidas, mas alguns espetáculos sem rendimentos são suficientes para agravar a situação financeira do grupo.

> Margarida – Outro que não fosse o Frazão já nos teria abandonado. Isso que é verdade!
> Vilares – O caso é que temos vivido... e que ele pouco deve. O seu primeiro cuidado foi mandar pagar no Rio os três contos que pediu emprestados.

A campanha de Artur Azevedo por uma mudança no lugar periférico ocupado pelos atores na sociedade brasileira incluía retirá-los da miséria e da inconstância a que estavam sujeitos:

> Quanto aos ordenados, o meu parecer é que os artistas devem ser bem pagos, sem o que dificilmente poderão distinguir-se na sociedade. Para combater o preconceito, que infelizmente ainda existe, contra o ator, é indispensável que este frequente boas rodas, ande vestido com decência, e, sobretudo, não deva nada a ninguém. Se não tiver um bom ordenado, o contrário lhe sucederá fatalmente.
>
> Demais, a vida do ator é cheia de alternativas: se ele não ganhar bastante dinheiro, não poderá, vendo-se de repente desempregado, encontrar no fundo da gaveta as economias que, previdente, deve reservar para os dias difíceis.[16]

Os percalços pelos quais passavam os membros da companhia teatral de *O mambembe* remetem à aventura de ser artista de teatro profissional no início do século XX. Entre peripécias e quiproquós, as personagens revelam o lado menos glamoroso da profissão, à exemplo deste monólogo de Frazão, enquanto espera o conto de réis que lhe falta para viajar:

> Frazão (*só*) – E levo esta vida há trinta anos! Pedindo hoje... pagando amanhã... tornando a pedir... tornando a pagar... sacando sobre o

---

16. AZEVEDO, Artur, "O teatro". In: *A Notícia*, 27/01/1898.

futuro... contando com o incerto... com a hipótese do ganho... com as alternativas da fortuna... sempre de boa-fé, e sempre receoso de que duvidem de mim, porque sou cômico, e ser cômico vem condenado de longe...

Longe de ser vagabundo ou falastrão, o empresário teatral mostra-se um protetor dos artistas sob sua responsabilidade; na peça, os colegas de profissão, unidos pelas agruras da vida itinerante, caminham lado a lado, ajudando uns aos outros quando o momento se tornava tumultuado, a despeito das pequenas intrigas do dia a dia.

Monteiro – Isso não quer dizer nada... Vocês veem dois artistas dizerem-se horrores um do outro: parecem inimigos irreconciliáveis... mas a primeira desgraça que aconteça a um deles abraçam-se e beijam-se. Boa gente, digo-lhes eu, boa gente, injustamente julgada.

Os artistas de *O mambembe* prestam um tributo à classe teatral. Ao criar uma fábula cujo núcleo principal representa um segmento profissional de íntima ligação com sua vida, Artur Azevedo não hesitou em caracterizá-lo de maneira que mostre atores honestos, trabalhadores e dedicados à arte. Ao mesmo tempo, manteve a verossimilhança externa ao delinear um panorama fidedigno dos problemas e das alegrias vividos por uma companhia teatral típica dos princípios do século XX: as dificuldades em conseguir financiamento, a instabilidade financeira, os artistas desempregados e sem dinheiro, a diferenciação entre os honestos e os desonestos, o preconceito, o repertório, a união de classe.

Deve-se notar que a empresa de Frazão, apesar de ser composta de personagens positivas, não é nada idealizada: ela revela uma face da sociedade brasileira, o que não se daria caso a companhia fosse composta de grandes atores, a representar obras literárias universais. As personagens tipificadas e a estrutura da peça, elaborada a partir da comicidade popular, satirizam a realidade, possibilitando uma crítica calcada em acontecimentos verídicos; assim, Artur Azevedo dispersou pelo texto os problemas teatrais que buscava solucionar, sem pedantismo ou didatismo – por exemplo, um dos assuntos que mais o interessava, a construção do Teatro Municipal, iniciada naquele ano, serve de tema para a apoteose[17] final da peça, e aparece mencionado na apoteose do segundo ato:

> Laudelina (*do alto de um carro*) – Como o Brasil é belo! Nada lhe falta!
> Frazão – Só lhe falta um teatro...

---

17. Apoteose: número temático de música e dança, com cenários especiais, com os quais se encerravam os atos e os espetáculos de peças de gênero musicado, em especial as revistas de ano.

Desse modo, observamos, nessa burleta, o teatro ligeiro elaborado em toda sua plenitude, por intermédio da inspiração vinda diretamente da realidade nacional. As personagens da companhia de Frazão, tipificadas a partir do imaginário teatral, adquirem conotação dramática única na história da comédia brasileira – e as demais personagens, caracterizadas pelo modo de falar ou pela profissão, junto a um desenrolar de episódios engraçados e relacionados a um desenvolvimento linear de enredo, envolvem o espectador em um mundo fictício extremamente bem realizado.

Texto rico literária e teatralmente, *O mambembe* também revela, como vimos, a personalidade generosa e empenhada de seu autor. Além disso, por suas qualidades temáticas e formais, ela comprova a grandeza criadora de Artur Azevedo, cujas melhores obras surgiram no último decênio de sua vida, quando a experiência permitiu a elaboração de textos teatrais originais tanto na forma quanto no conteúdo. Sua obra profusa contém, certamente, textos de qualidade discutível; no entanto, ele dificilmente errava quando seguia seus instintos de autor cômico e popular. *O mambembe*, junto com a conhecida *A Capital Federal*, merece um lugar de destaque na história de nossa literatura dramática, por ser uma peça autêntica e essencialmente brasileira, em cada uma de suas cenas. Vamos a ela.

LARISSA DE OLIVEIRA NEVES

CRONOLOGIA

1855. Nasce, no dia 7 de julho, em São Luís do Maranhão, Artur Nabantino Gonçalves de Azevedo, filho do cônsul português David Gonçalves de Azevedo e de D. Emília Amália Pinto de Magalhães; irmão mais velho de Aluísio, Américo, Camila e Maria Emília.

1868. Começa a trabalhar como caixeiro. Colabora, sob o pseudônimo de Elói, o Herói, com os periódicos *Pacotilha* e *Semanário Maranhense*.

1870. Escreve sua primeira peça, a comédia em um ato *Amor por anexins*.

1871. Publica *Carapuças*, coletânea de versos satíricos.

1872. Emprega-se na Secretaria do Governo. Lança a revista literária *O Domingo*.

1873. É despedido da Secretaria e decide mudar-se para o Rio de Janeiro, onde chega em setembro. Começa a trabalhar como revisor e tradutor de folhetins no jornal *A Reforma*, de seu conterrâneo Joaquim Serra, dando início a uma profícua carreira na imprensa carioca. No decorrer da vida, irá colaborar com os periódicos *Diário de Notícias*, *Diário do Rio de Janeiro*, *Gazeta da Tarde*, *Correio do Povo*, *O Século*, *Novidades*, *A Estação*, *O País*, *A Notícia*, *Kosmos*, entre outros.

1874. Representa, na Bahia, sua primeira peça, *Amor por anexins*.

1875. É nomeado adido e, logo depois, amanuense no Ministério da Agricultura, Viação e Obras Públicas. Escreve a comédia em um ato *A pele do lobo*. Representa, também na Bahia, sua segunda peça, *Uma véspera de reis*, com Xisto Baía no papel de Bermudes. Casa-se com Carlota Morais.

1876. Representa a paródia de opereta *A filha de Maria Angu*, pela empresa de Jacinto Heller, no teatro Fênix Dramática, no Rio de Janeiro; depois, *A casadinha de fresco*, pela mesma empresa. Morre seu filho recém-nascido.

1877. Escreve mais uma paródia de opereta, *Abel, Helena*, além da opereta *Nova viagem à Lua*, escrita em parceria com Frederico Severo. Representa *A pele do lobo*. Faz sua primeira tentativa no gênero revista de ano, sem sucesso: *O Rio de Janeiro em 1877*, em parceria com Lino de Assunção. Publica a sátira *Um dia de finados*.

1879. Escreve a comédia *A joia*. Funda, com Lopes Cardoso, a *Revista dos Teatros*, que durou poucos números.

1880. Escreve as operetas *A princesa dos cajueiros*, *Os noivos*, *A donzela Teodora* e a adaptação *O califa na Rua do Sabão*. Funda o jornal *Gazetinha*, que circulou por dezesseis meses.

1881. Escreve duas peças abolicionistas, *O liberato* e, em parceria com Urbano Duarte, *O escravocrata*.

1882. Escreve as comédias *A mascote na roça* e *Casa de Orates*, em parceria com o irmão Aluísio Azevedo, e as adaptações de três óperas-cômicas: *Fatnitza*, em parceria com Eduardo Garrido, *Flor-de-lis*, em parceria com o irmão Aluísio Azevedo, e *Um roubo no Olimpo*.

1883. Viaja para a Europa. Escreve sua primeira revista de ano de sucesso, *O mandarim*, em parceria com Moreira Sampaio.

1884. Escreve a revista de ano *Cocota*, em parceria com Moreira Sampaio, a paródia em dois quadros *O gran galeoto* e a comédia em um ato *Uma noite em claro*. Separa-se da esposa.

1885. Escreve a revista de ano *O bilontra*, em parceria com Moreira Sampaio.

1886. Representa a opereta *A donzela Teodora*. Escreve as revistas de ano *Mercúrio* e *O carioca*, ambas em parceria com Moreira Sampaio, e a adaptação *O herói à força*. Funda a revista *Vida Moderna*, com Luiz Murat.

1887. Escreve a revista de ano *O homem*, em parceria com Moreira Sampaio.

1888. Escreve a comédia em dois atos *A almanjarra* e as revistas de ano *O capadócio*, em parceria com Moreira Sampaio, e *Fritzmac*, em parceria com o irmão Aluísio Azevedo.

1889. Publica o livro *Contos possíveis*. Escreve a revista de ano *República*, em parceria com o irmão Aluísio Azevedo.

1890. Escreve a revista de ano *Viagem ao Parnaso*.

1891. Escreve a revista de ano *O tribofe*.

1893. Funda a revista *O Álbum*.

1894. Escreve a revista de ano *O major*, os entreatos *Entre o vermute e a sopa* e *Como eu me diverti* e a burleta *Pum!*. Começa a colaborar com a seção diária "Palestra", no jornal *O País*, e com as crônicas teatrais semanais "O teatro", no jornal *A Notícia*. Publica o livro *Contos fora de moda*. Casa-se com Carolina Adelaide Leconflé, que seria sua companheira até o fim da vida. Viúva, ela trouxe para o matrimônio quatro filhos, aos quais se uniriam mais quatro, que teve com Artur: Artur, Rodolfo, Américo e Aluísio.

1895. Escreve a revista de ano *A fantasia*.

1897. Escreve a revista de ano *O jagunço*, a burleta *A Capital Federal* e a paródia *Amor ao pelo*. Publica o livro *Contos efêmeros* e a tradução da peça *Escola de maridos*, de Molière.

1898. Escreve a revista de ano *Gavroche*, a comédia *O badejo* e o entreato *Confidências*.

1900. Escreve a burleta *A viúva Clark*.

1901. Escreve a comédia em um ato *Uma consulta*.

1902. Escreve a revista de ano *Comeu!* e a comédia *O retrato a óleo*.

1904. Escreve a opereta *A fonte Castália*, a burleta *O mambembe*, em parceria com José Piza, e a farsa em um ato *As sobrecasacas*.

1905. Escreve a revista de ano *Guanabara*.

1907. Escreve a revista de ano *O ano que passa*, publicada no jornal *O País*, a comédia em um ato *O oráculo*, o entreato *Entre a missa e o almoço* e as comédias *O dote* e *O genro de muitas sogras*.

1908. Escreve a burleta *O cordão* e a comédia *Vida e morte*. Organiza a série de espetáculos de peças nacionais para serem encenadas no teatro da Exposição Nacional. Morre no dia 22 de outubro.

NOTA SOBRE A PRESENTE EDIÇÃO

O estabelecimento de texto foi feito a partir do manuscrito da peça gentilmente cedido pelo professor Antonio Martins de Araújo, a quem agradeço; e do cotejo com as edições: Revista de Teatro – SBAT, n.º 317, Rio de Janeiro, março-abril de 1960 (estabelecimento de texto de Aluísio Azevedo Sobrinho), e *Teatro de Artur Azevedo*, Rio de Janeiro: Funarte, 2002 (estabelecimento de texto de Antonio Martins de Araújo).

O MAMBEMBE

Burleta em três atos e doze quadros

Música de Assis Pacheco

Representada pela primeira vez no
Teatro Apolo do Rio de Janeiro,
no dia 7 de dezembro de 1904,
e reprisada no Teatro Municipal,
no dia 12 de novembro de 1959,
e, em seguida, no Teatro Copacabana,
durante cinco meses consecutivos.

PERSONAGENS

- Malaquias
- Eduardo
- Dona Rita
- Laudelina
- Frazão
- Monteiro
- Caixeiro
- Primeiro freguês
- Segundo freguês
- Fábio
- Brochado
- Lopes
- Um menino
- Vilares
- Margarida
- Florêncio
- Isaura
- Coutinho
- Vieira
- Velho Ator
- Criado Joaquim
- Velhote
- Chefe do trem
- Os habitantes
- Capitão Irineu
- Coronel Pantaleão
- Carrapatini
- A banda
- Bonifácio Arruda
- Dona Bertolesa
- Suas filhas
- Subdelegado
- Carreiro
- Soldados

- Alferes Xandico
- Major Anastácio
- Pinto
- Capitão Juca Teixeira
- Coronel Chico Inácio
- Madama
- Uma doceira
- Uma vendedora
- Um capoeira
- Outro capoeira
- Primeira senhora
- Os meninos
- Um casal
- Segunda senhora
- Primeira moça
- Segunda moça
- O padre
- O sacristão
- Eustáquio
- Jogadores
- Um bêbedo
- Os violeiros
- Dona Mafalda
- Major Carneiro
- Tenente Guedes
- Dona Constança
- Manduca
- Tudinha
- Totó
- Chiquinha
- Zeca
- Nhô Tedo
- Nhô Tico
- Nhá Mariana
- Um espectador
- Anjo
- Rodopiano

QUADROS

Quadro 1: A primeira-dama!
Quadro 2: Quartel-general teatral.
Quadro 3: O Luís Fernandes de Catumbi.
Quadro 4: Segue o Mambembe!
Quadro 5: Cavando!...
Quadro 6: Mambembeiros em apuros!
Quadro 7: Ao Pito Aceso!
Quadro 8: Viva o Divino!
Quadro 9: Um duo amoroso.
Quadro 10: Um drama no Pito Aceso.
Quadro 11: O Ubatatá!
Quadro 12: A arte dramática!

ATO PRIMEIRO

Quadro 1

(*Sala de um plano só em casa de dona Rita. Ao fundo, duas janelas pintadas. Porta à esquerda dando para a rua, e porta à direita dando para o interior da casa.*)

Cena I

Malaquias, *moleque, depois* Eduardo

(*Ao levantar o pano, a cena está vazia. Batem à porta da esquerda.*)

MALAQUIAS
(*entrando da direita*)
Quem será tão cedo? Ainda não deu oito horas! (*vai abrir a porta da esquerda*) Ah! é seu Eduardo!

EDUARDO
(*entrando pela esquerda*)
Adeus, Malaquias. Quedê dona Rita? Já está levantada?

MALAQUIAS
Tá lá dentro, sim, *sinhô*.

EDUARDO
E dona Laudelina?

MALAQUIAS
Inda tá *drumindo*, sim, *sinhô*.

EDUARDO
Vai dizer a dona Rita que eu quero falar com ela.

MALAQUIAS
Sim, *sinhô*. (*puxando conversa*) Seu Eduardo *onte tava* bom *memo*!

EDUARDO
Tu assististe ao espetáculo?

MALAQUIAS
Ora, eu não falho! *Siá* dona Rita não me leva, mas eu fujo e vou. Fico no fundo espiando só!

EDUARDO
Gostas do teatro, hein?

MALAQUIAS
Quem é que não gosta do que é *bão*? Que coisa bonita quando seu Eduardo fingia que morreu quase no fim! Xi! Parecia que *tava* morrendo *memo*. Só se via o branco do olho! E dona Laudelina ajoelhada, abraçando seu Eduardo! Seu Eduardo *tava* morrendo, mas *tava* gostando, não é, seu Eduardo?

EDUARDO
Gostando, por quê? Cala-te!

MALAQUIAS
Então *Malaquia* não sabe que seu Eduardo gosta de dona Laudelina?

EDUARDO
E ela?... Gosta de mim?

MALAQUIAS
Eu acho que gosta... pelo *meno* não gosta de outro... eu sou fino: se ela tivesse outro namorado, eu via logo. Aquele moço que mora ali no

chalé *azu*, que diz que é guarda-livro, outro dia quis se *engraçá* com ela e ela bateu *c'a jinela* na cara dele: pá!... eu gostei *memo* porque gosto de seu Eduardo, e sei que seu Eduardo gosta dela!

EDUARDO
Toma lá quinhentos réis.

MALAQUIAS
Ih! Obrigado, seu Eduardo. (*vai a sair pela direita. Entra dona Rita*)

DONA RITA
Que ficaste fazendo aqui, moleque?

MALAQUIAS
Nada, não, senhora; fui *abri* a porta a seu Eduardo e ia *dizê a vosmecê* que ele *tava* aí.

DONA RITA
Vai acabar de lavar a louça, mas vê lá se me quebras alguma coisa. (*a Eduardo*) Não se passa um dia que este capeta não me quebra um prato... um copo... uma xícara... Vai!

MALAQUIAS
Sim, senhora. (*sai pela direita*)

Cena II

EDUARDO, DONA RITA

DONA RITA
Bom dia. (*aperta-lhe a mão*) O senhor madrugou!

EDUARDO
Diga antes: "o senhor não dormiu", que diz a verdade. Ah! Dona Rita! Quem ama como eu amo, não dorme!

DONA RITA
Pois o senhor deve estar moído! Olhe que aquele papel de Luís Fernandes não é graça! E o senhor representa ele com tanto calor!

EDUARDO
Porque o sinto, porque o vivo! O meu trabalho seria outro, se outra fosse a morgadinha...

DONA RITA
(*sorrindo*)
Acredito.

EDUARDO
Mas a morgadinha é ela, é dona Laudelina, sua afilhada, sua filha de criação, que "eu amo

cada vez mais com um amor ardente, louco, dilacerante, ó Cristo, ó Deus!"[1]

Dona Rita
Esse pedacinho é da peça.

Eduardo
É da peça, mas adapta-se perfeitamente à minha situação! "Sempre, sempre esta visão fatal a perseguir-me! No sonho, na vigília, em toda a parte a vejo, a sigo, a adoro! Como me entrou no coração este amor, que não posso arrancar sem arrancar o coração e a vida?" Tudo isto é da peça, mas vem ao pintar da faneca.

Coplas

I

Eu vivia feliz no meu cantinho,
Sem a mais leve preocupação,
Fazendo os meus galãs no teatrinho
Ou trabalhando na repartição[2];

Minha vida serena deslizava,
Como barquinho em bonançoso mar;

---

1. Trecho da peça *A morgadinha de Valflor*, do português Pinheiro Chagas, muito representada no século XIX.

2. Nessa fala, Eduardo é funcionário público, mas nas falas seguintes ele aparecerá como funcionário do comércio.

Apesar de amador, eu não amava,
Eu não amava nem queria amar!

II

Mas, de repente, vida tão serena,
Buliçosa, agitada se tornou:
Eu comecei a amar fora de cena,
E o mesmo homem de outrora já não sou.

Foi dona Laudelina que esta chama
Veio aqui dentro um dia espevitar,
Mas, conquanto amadora, ela não me ama,
Ela não me ama nem me quer amar.

Dona Rita
Acalme-se, seu Eduardo, o senhor não está em si. Vamos, sente-se nesta cadeira e me diga qual o motivo da sua visita à hora em que não costuma entrar nesta casa outro homem senão o do lixo. (*sentam-se ambos*)

Eduardo
Pois não adivinha o que aqui me trouxe? O meu amor! Se vim tão cedo, foi porque tinha a certeza de que dona Laudelina ainda estava recolhida ao seu quarto.

Dona Rita
Naturalmente; o papel da morgadinha também é muito fatigante, e Laudelina é uma amadora:

não é uma atriz, não se sabe poupar, como bem disse ontem o Frazão[3].

Eduardo
Mas a senhora também representou a morgada, e aí está fresca e bem-disposta.

Dona Rita
Oh! O papel da morgada é um papel de dizer... Eu faço ele com uma perna às costas... Ah, se o senhor me visse na *Nova Castro*, quando meu marido era vivo e eu tinha menos quinze anos!

Eduardo
A senhora é uma das mais distintas amadoras do Rio de Janeiro.

Dona Rita
Obrigada. O teatro foi sempre a minha paixão... o teatro particular, bem entendido, porque na nossa terra ainda há certa prevenção contra as artistas.

Eduardo
O preconceito...

---

3. Frazão é personagem inspirada pelo ator e empresário Brandão (1845-1921), um dos mais populares artistas de teatro da virada do século XIX.

Dona Rita
Como o senhor sabe, Laudelina é órfã de pai e mãe... não tem parentes nem aderentes... veio para a minha companhia assinzinha, e fui eu que eduquei ela. Quando descobri que a pequena tinha tanta queda para o teatro, fiquei contente, e consenti, com muito prazer, que ela fizesse parte do Grêmio Dramático Familiar de Catumbi, sob condição de só entrar nas peças em que também eu entrasse. Mas lhe confesso, seu Eduardo, que tenho os meus receios de que ela pretenda seriamente abraçar a carreira teatral...

Eduardo
Sim... aquele fogo... aquele entusiasmo... aquele talento inquietam...

Dona Rita
O senhor queixa-se de que ela não faz caso do senhor...

Eduardo
Não! Não é disso que me queixo; sim, porque, afinal, não posso dizer que ela não faça caso de mim... Mas não é franca, de modo que não sei se sou ou não correspondido, e é essa incerteza que me acabrunha!

Dona Rita
É que Laudelina, por enquanto, só tem um namorado: o teatro; só tem uma paixão: a arte dramática; ah! mas eu sei o que devo fazer...

Eduardo
Que é?

Dona Rita
Afastar-nos completamente do Grêmio Dramático Familiar de Catumbi. Se preciso for, mudar-nos-emos para outro bairro, e adeus teatrinho!

Eduardo
Mas há teatrinho em todos os bairros!

Dona Rita
Sempre há de haver algum em que não haja. Verá então que, afastada desse divertimento, ela olhará para o senhor com outros olhos, porque, francamente, seu Eduardo, eu bem desejava que o senhor se casasse com ela.

Eduardo
Ah!

Dona Rita
Onde poderá Laudelina encontrar melhor marido? O senhor (não é por estar em sua presença) é um moço de boa família, estima ela deveras e tem um bom emprego.

Eduardo
Obrigado, dona Rita! As suas palavras enchem-me de esperança e alegria! Peço-lhe que

advogue a minha causa. Foi só para fazer-lhe este pedido que vim à sua casa à hora do homem do lixo.

Dona Rita
Já tenho falado a ela muitas vezes no senhor. Não posso obrigar ela, mesmo porque já é maior... mas prometo empregar toda a minha autoridade de mãe adotiva para convencê-la de que deve ser sua esposa. (*levanta-se*)

Eduardo
(*levantando-se*)
A senhora é o meu bom anjo! Quero beijar-lhe as mãos, e de joelhos! (*ajoelha-se diante de dona Rita*)

Cena III

Os mesmos, Laudelina

Laudelina
(*entrando*)
"Um discípulo de Voltaire ajoelhado aos pés da cruz!"

Eduardo
(*erguendo-se*)
"A cruz é o amparo dos que padecem..."

Dona Rita
Alto lá! Olhem que eu não sou cruz!

Laudelina
"E padece? Por minha causa, não é verdade? Fui injusta, bem sei; nas frases que soltara ao vento, decerto por desfastio, quis ver uma ofensa. Era cruel, sinto-o agora. Esqueçamos isso, e sejamos amigos bons e leais, sim?" (*apertando-lhe a mão com uma risada e mudando de tom*) Como passou a noite, seu Eduardo?

Eduardo
Em claro, pensando no meu amor!

Laudelina
Também eu, pensando no meu triunfo! Que bela noite! Nunca me senti tão bem no papel de morgadinha! O efeito foi estrondoso! Estava na plateia o ator Frazão...

Dona Rita
Foi convidado pela diretoria.

Laudelina
Com que entusiasmo batia palmas! Via-se que aquilo era sincero! Depois do quarto ato foi cumprimentar-me na caixa! Deu-me um abraço, e disse-me: "filha, tu não tens o direito de não estar no teatro; cometes um estelionato, de que é vítima a arte".

DONA RITA
O Frazão disse-te isso?

LAUDELINA
Sim, senhora!

DONA RITA
Pois se eu ouvisse, tinha lhe dado o troco. (*outro tom*) Mas que me dizem daquela minha fala? "Por que se envergonha de chorar diante de mim? Sou mãe dela e não hei de saber o quanto custará perdê-la?"

EDUARDO
(*escondendo o rosto nas mãos*)
"Ah! quanto padeço!"

DONA RITA
"Ânimo, filho, então? Quando chegar ao acaso da vida..."

EDUARDO
(*emendando*)
"Ocaso." A senhora diz sempre "acaso", mas é "ocaso".

DONA RITA
Ocaso? Que diabo é ocaso?

EDUARDO
É o pôr do sol... O ocaso da vida quer dizer o fim da vida.

Dona Rita
No papel está "acaso".

Laudelina
Foi erro do copista, dindinha. Seu Eduardo tem razão.

Dona Rita
Enfim... (*representando*) "Quando chegar ao 'acaso'..."

Eduardo *e* Laudelina
Ocaso.

Dona Rita
Já estou viciada. (*representando*) "Quando chegar ao ocaso da vida e, voltando os olhos para esta quadra tempestuosa, lhe disser a consciência que soube cumprir um dever, há de sentir uma consolação sublime, uma legítima ufania!" (*outro tom*) Muito sentimento, hein?

Laudelina
E então eu? (*representando*) "A nada mais se atende, não é assim? Ela que se console com a ideia do dever, das leis da sociedade, exatamente quando acabava de calcar essas leis, para voar, num ímpeto de abnegação, para quem de joelhos lhe implorava amor?"

EDUARDO
(idem)

"Ah! não me fale assim, se não quer que eu perca a pouca razão que me resta! (*tomando as mãos de Laudelina*) Não vês que te amo mais loucamente do que nunca? Não vês que uma palavra tua me arroja de novo ao abismo?"

LAUDELINA
(idem)

"Que te importa"... (*tem uma hesitação de memória*)

DONA RITA
(sugerindo-lhe)

... "se eu me arrojo"...

LAUDELINA

"Que te importa, se eu me arrojo a ele contigo? (*Frazão aparece à porta da esquerda*) Amas-me e hesitas ainda? Tudo mais que vale? Há aqui obstáculos que se opõem ao nosso afeto? Receias a luta? as apreensões dos teus, os desprezos dos outros? Mas tens o meu amor e isso te basta! Fujamos ambos; vamos esconder bem longe de Portugal o nosso flóreo ninho!" (*Eduardo vai cingi-la de acordo com a rubrica da peça, mas Frazão, que aos poucos se tem aproximado dela enlevado, empurra Eduardo*)

Frazão
Saia daí, seu arara! Eu já tenho representado o papel de Luís Fernandes mais de cinquenta vezes! (*enlaçando Laudelina*) "Ah! caia sobre mim o desprezo do mundo, a maldição de Deus, persiga-me o remorso, espere-me o inferno, mas agora é que te juro que ninguém te arrancará dos meus braços!" (*outro tom*) Bravos, bravos, filha! Tens muito talento! Quem to diz é o Frazão!

Cena IV

Os mesmos, Frazão

Frazão
(*para Eduardo*)
Desculpe se o chamei arara, meu caro amador: foi sem querer; reconheço, pelo contrário, que o senhor é um curioso de muita habilidade. Mas que esquisitice é essa? A isso é que se pode chamar amor da arte! Pois representaram a peça ontem à noite, e hoje pela manhã já estão a ensaiá-la de novo?

Dona Rita
Não, senhor, não era um ensaio... isto veio naturalmente, na conversa; mas... a que devo a honra de sua visita?

Frazão

Preciso falar-lhe, minha senhora. Escolhi esta hora matinal porque tenho o dia todo ocupado, visto que depois de amanhã devo partir com a companhia que estou organizando.

Eduardo

Vejo que sou demais.

Frazão

Não, demais não é; entretanto, o assunto que aqui me traz é muito reservado.

Eduardo

Retiro-me, mesmo porque tenho que ir a uma cobrança a mando do patrão[4]. (*indo apertar a mão de dona Rita*) Até logo, dona Rita. (*baixo*) Desconfio desta visita... não caia!...

Dona Rita

Deixe estar.

Eduardo

(*subindo e indo cumprimentar Laudelina*)
Até logo, dona Laudelina.

Laudelina

Até logo, seu Eduardo.

---

4. A partir daqui, Eduardo aparece como funcionário do comércio.

EDUARDO
Passar bem, senhor Frazão.

FRAZÃO
Adeus, jovem, e esqueça-se daquele arara... Foi sem querer.

EDUARDO
Ora! (*sai*)

Cena V

FRAZÃO, DONA RITA, LAUDELINA

LAUDELINA
Também eu me retiro.

FRAZÃO
Não; a senhora pode ficar, porque a conversa lhe diz respeito.

DONA RITA
Sentemo-nos. (*à parte*) Pois sim!

FRAZÃO
Sentemo-nos. (*sentam-se os três*) O caso é este, minha senhora... vou expor-lho em poucas palavras, porque não tenho tempo a perder. Os meus minutos estão contados. Devo cavar

três contos de réis de hoje para amanhã. (*pausa*) Como a senhora sabe, a vida do ator no Rio de Janeiro é cheia de incertezas e vicissitudes. Nenhuma garantia oferece. Por isso, resolvi fazer-me, como antigamente, empresário de uma companhia ambulante, ou, para falar com toda a franqueza, de um mambembe.

As duas

Mambembe?

Frazão

Dar-se-á caso que não saibam o que é um mambembe? Nunca leram o *Romance cômico*, de Scarron?

As duas

Não, senhor.

Frazão

É pena, porque eu lhes diria que o mambembe é o romance cômico em ação e as senhoras ficariam sabendo o que é. Mambembe é a companhia nômade, errante, vagabunda, organizada com todos os elementos de que um empresário pobre possa lançar mão num momento dado, e que vai, de cidade em cidade, de vila em vila, de povoação em povoação, dando espetáculos aqui e ali, onde encontre um teatro ou onde possa improvisá-lo. Aqui está quem já representou em cima de um bilhar!

LAUDELINA
Deve ser uma vida dolorosa!

FRAZÃO
Enganas-te, filha. O teatro antigo principiou assim, com Téspis, que viveu no século VI antes de Cristo, e o teatro moderno tem também o seu mambembeiro no divino, no imortal Molière, que o fundou. Basta isso para amenizar na alma de um artista inteligente quanto possa haver de doloroso nesse vagabundear constante. E, a par dos incômodos e contrariedades, há o prazer do imprevisto, o esforço, a luta, a vitória! Se aqui o artista é mal recebido, ali é carinhosamente acolhido. Se aqui não sabe como tirar a mala de um hotel, empenhada para pagamento de hospedagem, mais adiante encontra todas as portas abertas diante de si. Todos os artistas do mambembe, ligados entre si pelas mesmas alegrias e pelo mesmo sofrimento, acabam por formar uma só família, onde, embora às vezes não o pareça, todos se amam uns aos outros, e vive-se, bem ou mal, mas vive-se!

LAUDELINA
E... a arte?

FRAZÃO
Tudo é relativo neste mundo, filha. O culto da arte pode existir e existe mesmo num mambembe.

Os nossos primeiros artistas – João Caetano, Joaquim Augusto, Guilherme Aguiar, Xisto Bahia – todos mambembaram, e nem por isso deixaram de ser grandes luzeiros do palco.

Laudelina
Mas de onde vem essa palavra, mambembe?

Frazão
Creio que foi inventada, mas ninguém sabe quem a inventou. É um vocábulo anônimo trazido pela tradição de boca em boca e que não figura ainda em nenhum dicionário, o que aliás não tardará muito tempo. Um dia disseram-me que em língua mandinga mambembe quer dizer pássaro. Como o pássaro é livre e percorre o espaço como nós percorremos a terra, é possível que a origem seja essa, mas nunca o averiguei.

Cena VI

Os mesmos, Malaquias

Malaquias
A senhora quer que eu bote o *armoço* na mesa?

Dona Rita
Sim; o senhor Frazão almoçará conosco...

FRAZÃO
Agradecido, minha senhora; tenho muito que fazer e ainda é cedo para almoçar.

DONA RITA
(*a Malaquias, que, em vez de se retirar, ficou parado a olhar para Frazão, e a rir-se*)
Vai-te embora, moleque! Que fazes aí parado?

MALAQUIAS
(*rindo, sem responder*)
Eh! eh! eh!...

DONA RITA
Então?

MALAQUIAS
É seu Frazão... ele *tava onte* lá no teatro... Que *home* engraçado! (*sai*)

Cena VII

FRAZÃO, DONA RITA, LAUDELINA

DONA RITA
Desculpe... este moleque é muito confiado... mas eu ensino ele!...

FRAZÃO
Deixe-o lá!... Isto é a popularidade, é a glória em trocos miúdos, como disse o outro[5].

DONA RITA
Agora diga o motivo da sua visita.

FRAZÃO
É muito simples, minha senhora. Vinha propor-lhe contratar dona Laudelina para primeira-dama da minha companhia. A minha primeira-dama, a Rosália, foi visitar, durante a nossa última excursão, uma fazenda no Capivari, e lá ficou com o fazendeiro. Já se casaram. Recebi há dias a participação do casamento.

DONA RITA
Senhor Frazão, esta menina não se destina ao teatro...

LAUDELINA
Por quê, dindinha? É uma profissão como outra qualquer!

DONA RITA
Cala-te! Pois eu havia de consentir que fosses por aí fora? Deus me livre!

---

5. Fala da personagem Don Salluste, da peça *Ruy Blas*, de Victor Hugo.

Frazão
Dona Laudelina nasceu para o teatro, e é pena, realmente, que não se faça atriz de profissão; entretanto, não vim aqui fazer de Mefistófeles; não tento nem seduzo ninguém. Principiei por pintar com toda a lealdade a nossa vida, com os seus altos e baixos, os seus prós e contras. Supus – desculpem-me a franqueza e não se ofendam com ela – supus que as senhoras estivessem em más condições de fortuna (*olhando em volta de si*), e lhes sorrisse a proposta de um empresário honesto e bem-intencionado... Quero apenas ouvir de seus lábios, minha senhora, um "sim" ou um "não". Juro-lhe que não insistirei.

Dona Rita
(*resolutamente*)
Não!

Frazão
(*erguendo-se*)
Bom! Vou tratar de procurar outra!

Dona Rita
(*erguendo-se*)
Se eu quisesse que ela fosse atriz, não seria decerto num mambembe!

Frazão
Pois deixe-me dizer, minha senhora, que o mambembe tem a vantagem de exercitar o artista.

A contingência em que ele se acha de aceitar papéis de todos os gêneros e estudá-los rapidamente produz um *entraînement* salutar e contínuo, que não pode senão aproveitar ao seu talento. Dona Laudelina faria as suas primeiras armas lá fora e, quando se apresentasse ao público desta capital, seria uma atriz feita. Juro que dentro de um ano ela triunfaria nos palcos do Rio de Janeiro, e eu teria a glória de havê-la iniciado na arte!...

Dona Rita
Procure outra, seu Frazão. Não é, minha filha?

Laudelina
(*que se conservou sentada, muito comovida, mal podendo conter as lágrimas*)
Por meu gosto aceitava. Que futuro me espera fora do teatro? Ser costureira toda a vida? Casar com seu Eduardo, que não ganha o suficiente para viver solteiro? Encher-me de filhos e de cuidados? Se tenho realmente, como dizem, algum jeito para o teatro, não seria melhor aproveitar a minha habilidade?... (*chora. Nisso ouve-se à direita grande bulha de louça quebrada*)

Dona Rita
Lá o moleque me quebrou mais louça! Com licença! Vou ver o que foi. (*sai pela direita*)

Cena VIII

FRAZÃO, LAUDELINA

LAUDELINA
(*erguendo-se e enxugando os olhos*)
Senhor Frazão, quando tenciona partir com a sua companhia?

FRAZÃO
Depois de amanhã, se até lá arranjar, como espero, uma primeira-dama... e os três contos de réis.

LAUDELINA
(*resoluta*)
Irei com o senhor.

FRAZÃO
A senhora? Mas sua madrinha...

LAUDELINA
Tenho vinte e dois anos, sou maior, sou senhora das minhas ações, posso dispor de mim como entender.

FRAZÃO
Não! Não quero contrariar essa senhora que lhe tem servido de mãe. E, deixe lá, no fundo ela não deixa de ter razão.

LAUDELINA
Amanhã procurá-lo-ei... Onde mora?

FRAZÃO
Numa casa de pensão. (*dando-lhe um cartão*) Aí tem a minha residência. Mas veja o que vai fazer!

LAUDELINA
Descanse. Levarei hoje todo o dia a catequizar dindinha. Ela acabará, como sempre, por me fazer a vontade. E se não fizer, adeus! Não quero sacrificar-me ao bem que lhe devo!

FRAZÃO
Estás me assustando, filha! Não vá sua madrinha dizer...

LAUDELINA
Diga o que quiser! Não sou nenhuma criança! Amanhã procurá-lo-ei, senhor Frazão. (*guarda o cartão*)

Cena IX

FRAZÃO, LAUDELINA, DONA RITA, *depois* MALAQUIAS

DONA RITA
Que estás dizendo?

LAUDELINA
A verdade! Quero ser atriz!...

FRAZÃO
Isso é uma coisa que se decidirá entre as senhoras. Lavo as mãos. E não digo mais nada! A minha responsabilidade fica salva! Minhas senhoras... (*cumprimenta e sai pela esquerda*)

DONA RITA
Este homem veio te desencaminhar!...

LAUDELINA
Não, dindinha... Se não fosse ele, seria outro qualquer... seria o meu próprio instinto. Depois do almoço conversaremos... espero persuadi-la... o meu destino é esse!...

DONA RITA
O teu destino é esse! Mas sabes o que te espera?

LAUDELINA
Será o que Deus quiser.

DONA RITA
Pois olha, se fores para o tal mambembe, irei contigo! Não me separarei um momento de ti!

Laudelina
Terei com isso muito prazer.

Dona Rita
Que dia aziago! O moleque me quebrou mais três pratos, e agora tu... (*vendo entrar Malaquias*) Cá está o demônio! Devias ter levado uma coça!...

Malaquias
Armoço tá na mesa.

Dona Rita
Vamos almoçar.

Laudelina
Oh! o teatro!... a arte!... o público!... o imprevisto!... (*sai*)

Dona Rita
O diabo do tal Frazão veio pôr ela doida!... (*sai pela direita*)

Malaquias
(*só, arremedando Laudelina*)
Oh! o teatro!... a arte!... o público!... moça *tá* assanhada. (*sai pela direita. Mutação*)

Quadro 2

(*Botequim nos fundos de um armazém de bebidas. Ao fundo, além de uma arcada, o armazém, com balcão e prateleiras e duas portas largas dando para a rua. À esquerda, a entrada de um bilhar. À direita, parede com pipas e barris. Mesinhas redondas, de mármore. Bancos.*)

Cena I

Monteiro, o Caixeiro, Lopes, Fábio,
Primeiro freguês, Segundo freguês, fregueses

(*Ao levantar o pano, Monteiro, em mangas de camisa, percorre as mesas: é o dono da casa. Fábio, sentado a uma mesa à esquerda, escreve. Lopes, sentado ao fundo, lê um jornal. À direita, o Primeiro e o Segundo fregueses bebem e conversam. Os outros fregueses fazem o mesmo. Durante o quadro entram e saem fregueses no armazém ao fundo e são servidos pelo Caixeiro. Veem-se passar transeuntes na rua.*)

Pequeno coro

Quer de noite, quer de dia
– Quem já viu fortuna assim? –

Nunca falta freguesia
Neste belo botequim!

PRIMEIRO FREGUÊS
Ó Monteiro!

MONTEIRO
(*aproximando-se*)
Que é?

PRIMEIRO FREGUÊS
Quem é aquele sujeito que está escrevendo?
(*aponta à esquerda*)

MONTEIRO
É o Fábio.

PRIMEIRO FREGUÊS
Que faz ele?

MONTEIRO
Nada, que eu saiba.

SEGUNDO FREGUÊS
Não lhe disse? É um vadio. Conheci-o empregado no comércio.

MONTEIRO
Sim, creio que foi... Depois fez-se poeta... andou a rabiscar nos jornais...

Primeiro freguês
Que está ele escrevendo ali?

Monteiro
(*rindo*)
Aquilo é uma revista de ano em que há três anos trabalha.

Segundo freguês
Faz da tua casa o seu gabinete?

Monteiro
A esta hora é infalível àquela mesa... Pede uma garrafa de parati... Escreve durante duas horas... Quando se levanta, tem a revista mais uma cena e ele está que não se pode lamber!

Segundo freguês
Coitado! Com semelhante processo de trabalho não poderá ir muito longe!

Primeiro freguês
A tua casa é muito frequentada por gente de teatro.

Monteiro
Pode-se dizer que não tenho outra freguesia. Isto é uma espécie de quartel-general dos nossos atores. Entre estas paredes discutem-se peças, arrasam-se empresários, amaldiçoam-se críticos, fazem-se e desfazem-se companhias.

Segundo freguês
Estão sempre a brigar uns com os outros.

Monteiro
Isso não quer dizer nada... Vocês veem dois artistas dizerem-se horrores um do outro: parecem inimigos irreconciliáveis... mas à primeira desgraça que aconteça a um deles, abraçam-se e beijam-se. Boa gente, digo-lhes eu, boa gente, injustamente julgada.

Primeiro freguês
(*erguendo-se*)
Bom! são horas!

Segundo freguês
(*idem*)
Ainda é cedo. Vem daí jogar uma partida de pauzinho.

Monteiro
(*apontando para a esquerda*)
Ambos os bilhares estão desocupados.

Os dois
Vamos lá! Quantos levas? (*saem pela esquerda e daí a pouco ouvem-se as bolas batendo umas nas outras*)

Cena II

MONTEIRO, FÁBIO, LOPES, BROCHADO,
o CAIXEIRO, FREGUESES

MONTEIRO
(*indo ao encontro de Brochado, que entra*)
Oh! s'or Brochado! De volta! Seja bem aparecido!

BROCHADO
É verdade, cheguei hoje... (*dando-lhe uma nota*) e trago-lhe estes cinquenta por conta de maior quantia. Desculpe não pagar tudo.

MONTEIRO
Oh! senhor, mais deva! Pague quando puder!...

BROCHADO
Vou ver se faço um benefício... Ah, meu amigo, aquilo lá por fora está pior que no Rio de Janeiro! Mal por mal, antes aqui... Sempre se encontra crédito.

MONTEIRO
Pois olhe, aqui está uma desgraça. O público espera pelas companhias estrangeiras.

BROCHADO
E dizer que um artista do meu valor não tem trabalho na capital do seu país! Ah!, meu caro

Monteiro, se eu não considerasse a arte como um sacerdócio, se lhe não tivesse sacrificado toda a minha mocidade, toda a minha existência, há muito tempo teria abandonado o teatro!... Mas que quer?... Depois de ter tido no teatro a posição que tive, não hei de ir puxar uma carroça!

Monteiro
Na realidade, não se compreende que o senhor não esteja empregado!

Brochado
Onde queria você que eu me empregasse? Para trabalhar com quem? Nem *eles* me querem, porque lhes faço sombra, nem eu os quero, porque não me confundo. Dou ainda o meu recado. Ainda há dias, em São Paulo, levantei a plateia com uma simples poesia, a "Cerração no Mar". Todos os espectadores ficaram de pé.

Lopes
(*que deixa o seu jornal e se aproxima*)
Eu estava lá.

Brochado
Ah! tu estavas lá? É ou não é exato?

Lopes
Eu sou franco. Todos os espectadores se levantaram, mas foi para ir-se embora.

Brochado
Porque estava terminada a poesia.

Lopes
Faltavam ainda muitos versos. Tu és um bom artista, mas tens o defeito de não estudares nada novo. Desengana-te. Com essas velharias não chegas lá! Eu sou franco!

Brochado
Um ignorante é o que és! Sabes lá o que é bom e o que é mau! O que eu admiro é a tua audácia! Quem és tu?... que tens feito no teatro?... E conheces-me por ventura? Já me viste no *Cabo Simão*... na *Pobre das ruínas*? no *Paralítico*?... (*Lopes encolhe os ombros e volta ao seu jornal*)

Monteiro
Bom! não briguem! (*afasta-se e vai ao balcão*)

Brochado
Pretensioso!...

Fábio
(*que foi distraído pela discussão, levanta-se e vai a Brochado*)
Olá, Brochado, você por aqui! Fazia-o lá pela terra dos Andradas!

Brochado
Terminei a minha excursão.

FÁBIO
Em que companhia estava?

BROCHADO
Em que companhia? Ora essa! Que companhia acha você aí digna de mim? Ah!, não, eu não me confundo, meu caro poeta! Fiz a minha excursão sozinho.

FÁBIO
Sozinho?

BROCHADO
Antes só que mal acompanhado.

FÁBIO
E o repertório?

BROCHADO
Monólogos... poesias... cenas dramáticas... Eu cá me arranjo. Quer saber qual foi um dos meus grandes sucessos? A fala do *Carnioli*, da *Dalila*!

FÁBIO
"Chorava o arco"?

BROCHADO
Essa mesma.

LOPES
(*do seu lugar*)
O Furtado Coelho dizia-a muito bem.

BROCHADO
Cala-te! Não sejas tolo! O Furtado era artificial... faltava-lhe isto... (*bate no coração*) e para dizer aquilo como deve ser dito, é indispensável isto... (*idem*)

LOPES
E isto! (*bate na testa*)

BROCHADO
Deixa estar que te hei de pedir umas lições. (*a Fábio*) Idiota! O Furtado não passava de um amador inteligente. Daqui a nada aquela azêmola vai dizer que o Dias Braga, o Eugênio e o Ferreira valem mais do que eu! (*voltando-se para Lopes*) Olha, tenho pena que não me visses no tio Gaspar.

LOPES
Quê! você fez os *Sinos de Corneville*?

BROCHADO
Apenas a cena do castelo... reduzida a monólogo.

LOPES
Sem a armadura?

Brochado
Sim, sem a armadura. Onde queria você que eu fosse buscar uma armadura? Mas arranjei uns comparsas, que fizeram de fantasmas... (*sentando-se*) Não gosto de falar dos mortos, mas olha que para causar na plateia um entusiasmo indescritível, não precisei de uma cabeleira de arame, como o defunto Guilherme, que Deus perdoe.

Lopes
Deus te perdoe a ti, que tem mais que perdoar.

Brochado
Pode falar à vontade! Faço como o público: não te tomo a sério. (*à parte*) No Ribeirão Preto não houve meio de arranjar uma cabeleira de arame! (*a Fábio, que se tem sentado de novo*) Que é isso?... Que está você a escrever?... Versos?...

Fábio
Não. Uma revista de ano.

Brochado
É o que dá. Como se intitula?

Fábio
O *Trouxa*.

Brochado
O título não é mau. Para que teatro é?

Fábio
Sei lá! Está escrita há três anos, de modo que de vez em quando tenho que modificá-la... pôr-lhe umas coisas... tirar-lhe outras, por causa da atualidade. Estou sempre a bulir-lhe!

Brochado
A sua revista é como o Teatro Lírico: sempre em obras.

Fábio
Dizem que o Ferraz vai organizar uma companhia para o Lucinda... talvez inaugure com o *Trouxa*. Venha cá, sente-se aqui... quero ler-lhe umas cenas... (*Brochado vai sentar-se à mesa de Fábio*)

Brochado
Se você pudesse encaixar aí um personagem dramático, que só dissesse monólogos... e que estivesse sempre sozinho em cena...

Fábio
Esse personagem pode ser o Progresso, e aparecer na cena do eixo da Avenida Central... ou noutras, que eu inventarei.

BROCHADO
Só assim eu poderia figurar numa dessas tropas fandangas.

FÁBIO
Ouça lá! (*gritando*) Ó menino, outra garrafa de parati! (*a Brochado*) Você toma outra coisa?

BROCHADO
Não; parati mesmo, que o do Monteiro é bom.

FÁBIO
Traga outro cálice! (*O Caixeiro, que estava no balcão, traz uma garrafa de parati e um cálice, que põe sobre a mesa de Fábio, e leva a outra garrafa, depois de se certificar, contra a luz, que ela está vazia. Fábio começa a ler a revista em voz baixa a Brochado, que está de costas para o público.*)

LOPES
(*vendo Monteiro*)
O Frazão marcou a reunião para o meio-dia em ponto, e já passa.

MONTEIRO
Mais quarto de hora, menos quarto de hora, não quer dizer nada. Ele anda atrapalhado. Ficaram de dar-lhe o cobre às onze e meia; pode

ser que tenha havido qualquer demora. O dinheiro nunca é pontual. Olhe, aí vem o Vilares e a Margarida.

Cena III

Os mesmos, Vilares, Margarida, *artistas*

Vilares
(*a Lopes*)
Já chegou o homem?

Lopes
Ainda não.

Margarida
Ele arranjaria a primeira-dama que procurava?

Lopes
Duvido. Não há nenhuma disponível.

Margarida
A falar a verdade, não sei para que essa primeira-dama. Não estou eu na companhia?

Lopes
Tu? (*rindo-se*) Pf!... Que pilhéria!

Margarida
Pilhéria por quê?

Vilares
Eu sou suspeito... mas a Margarida não deixa de ter razão. Estou certo que daria conta do recado.

Lopes
Ó filho, pois seriamente entrou-te em cabeça que a Margarida pode fazer primeiros papéis?

Vilares
Mas por que não?

Lopes
Eu sou franco; ela...

Margarida
Aqui no Rio de Janeiro não digo nada; mas no interior...

Lopes
Estás enganada: aqui no Rio de Janeiro é que o público engole tudo!

Margarida
Achas então que não sirvo para nada?

Lopes
Não disse isso... tens o teu lugar no teatro... mas não podes fazer primeiros papéis. Eu sou franco!

Tercetino

LOPES
Eu não nego que és bonita,
Que és simpática também;
Nesse olhar o amor palpita,
Toda gente te quer bem;
Mas, menina, com franqueza:
Não te basta essa beleza.

VILARES
Queres tu desanimá-la?

LOPES
É sempre o que se diz a quem verdade fala!

MARGARIDA
Deixa-o dizer o que quiser...
Pois, meu amigo, no teatro,
Quando é bonita uma mulher
Pode fazer o diabo a quatro.

LOPES
Pode fazer, ninguém o nega,
Mas não é isso ser atriz!

VILARES
Deixe-a! não sejas mau colega!

LOPES
A quem verdade fala é sempre o que se diz!

Margarida
Tendo alguma habilidade,
Linda boca, olhos gentis,
Cinturinha de deidade,
Pode a gente
Certamente,
Tanto aqui como em Paris
Ser no teatro um chamariz.

Lopes
Não é isso ser atriz;
Mas tu dizes a verdade...

Os três
Sim, tu dizes a verdade...
Sim, sim, sim, digo a verdade...
Tendo alguma habilidade,
Linda boca, olhos gentis, etc.

Lopes
Contenta-te com o teu lugar.

Vilares
Não digo nada porque sou suspeito.

Lopes
Por que estás com ela? Então também eu sou...

Margarida
Ora essa! então tu estás comigo?

LOPES
Não estou, mas já estive. E olha que nunca te enchi a cabeça de caraminholas!

Cena IV

Os mesmos, FLORÊNCIO, COUTINHO, ISAURA, *outros artistas que vêm chegando aos poucos, depois* VIEIRA, *depois* FRAZÃO

FLORÊNCIO
O Frazão já apareceu?

VILARES
Não; mas não deve tardar.

ISAURA
Ele arranjou a primeira-dama?

LOPES
Não sei.

ISAURA
Se não arranjou, cá estou eu.

LOPES
Tu?!

ISAURA
Então?... à falta de outra...

Lopes
(*a rir*)
Pf!... Eu sou franco: antes a Margarida.

Isaura
Oh! a Margarida é uma principiante.

Margarida
E tu és uma acabante!

Lopes
Ó filha, pois não vês que não podes dar senão caricatas?

Florêncio
(*consultando o relógio*)
Meio-dia e meia hora... Aposto que ele não arranjou o arame.

Vilares
Aí vem o pessimista!

Florêncio
Pessimista, não: filósofo; espero sempre o pior.

Coutinho
Duvido que o Frazão venha.

Todos
Por quê?

COUTINHO
Era quase meio-dia quando ele tomou no largo de São Francisco o bonde da Praia Formosa.

MARGARIDA
Que iria lá fazer?

COUTINHO
Sei lá!

FLORÊNCIO
Homem, se ele não aparecesse, não seria a primeira vez.

LOPES
Não sejas má língua! O Frazão foi sempre homem de palavra!

FLORÊNCIO
Queres me dizer a mim quem é o Frazão?

LOPES
Ele deve-te alguma coisa?

FLORÊNCIO
Não.

LOPES
Eu sou franco. Devias ser-lhe agradecido. Estás desempregado há dois anos, e ele lembrou-se agora de ti.

Florêncio
Porque precisava.

Lopes
Querem ver que também te propões a substituir a primeira-dama? (*risadas*)

Margarida
Quem sabe? Talvez esta demora seja porque ele anda atrás dela.

Isaura
Por que não manda um telegrama à Réjane?

Lopes
Se a Réjane representasse em português, tu dirias o diabo dela! Eu sou franco. (*entra Vieira todo vestido de preto, tipo fúnebre, fisionomia triste*)

Vieira
Meus senhores, bom dia.

Margarida
Como o Vieira vem triste!

Vieira
Algum dia me viste mais alegre?

Coutinho
Sim, mas hoje estás mais triste que de costume.

Vieira
É, talvez, por causa desta viagem... vou deixar família... os filhos... não posso estar longe deles. Já tenho um nó na garganta.

Florêncio
E é que o Frazão não aparece! Pois olhem, sem adiantamento eu não me posso mexer.

Vilares
Nem eu!

Coutinho
Nem eu. Vi uma casaca num belchior da rua da Carioca, que me assenta como uma luva. O defunto tinha o meu corpo. Mas estou com medo de não a encontrar mais... Essa demora!

Primeiro freguês
*(aparecendo à porta do bilhar
com um taco na mão)*
Ó Monteiro, tens aí um pedaço de giz?

Monteiro
Lá vou. (*acode ao Primeiro freguês*)

Florêncio
Mas, afinal, isso é um abuso! Nós não somos criados do senhor Frazão!...

Lopes

Esperem! (*começam todos os artistas a falar ao mesmo tempo, uns a defender, outros a acusar a Frazão*)

Monteiro

Que bulha é essa? Calem-se! (*vai para a porta da rua*)

Coro

Uns

Tenham todos paciência!
O Frazão não tardará!
Sempre é muita impertinência
Dizer que ele não virá.

Outros

Já me falta a paciência!
O Frazão tardando está!
É demais tanta insolência!
Grosseria assim não há!

Monteiro
(*vindo a correr do fundo*)
Supondes que o Frazão pregou-vos
                            [uma peça?
Mudai de opinião,
Porquanto a toda pressa
Aí chega o Frazão!

(*Frazão aparece à porta, entra esbaforido e senta-se num banco que lhe oferecem.*)

CORO
Viva o Frazão!
Viva o Frazão!
É de Palavra o maganão!

FRAZÃO
(*sentado*)
Quero tomar respiração!

(*As mulheres abanam-no com os seus leques.*)

CORO
Toma, Frazão,
Respiração!

FRAZÃO

I

Por causa do dinheiro
Que neste embrulho está,
Andei o dia inteiro
De cá pra lá!
Fui a São Diogo,
A Andaraí,
A Botafogo
E a Catumbi.

CORO
Foi a São Diogo, etc.

FRAZÃO

II

Andei toda a cidade,
Mexi, virei, corri!
Só apanhei metade
  Do que pedi!
  Fui às Paineiras,
  Fui ao Caju,
  Às Laranjeiras
  E ao Cabuçu!

CORO
Foi às Paineiras, etc.

FRAZÃO
(*erguendo-se*)
É verdade! Vocês não imaginam como os tempos andam bicudos!

TODOS
Imaginamos.

FRAZÃO
Foi um verdadeiro trabalho de Hércules a conquista destes miseráveis dois contos de réis! E ainda me falta outro pacote que prometeram

levar-me a casa logo às cinco horas, com toda a certeza. Se não vierem, estou frito!

TODOS
Hão de vir!

FRAZÃO
Vamos a isto! (*dispõe ao centro da cena uma mesa e uma cadeira. Senta-se e tira do bolso um papel e um lápis*)

MARGARIDA
(*durante esse movimento*)
Então? Já arranjou a primeira-dama?

FRAZÃO
Já!

TODOS
Já! Quem é? quem é?...

FRAZÃO
É uma surpresa. A seu tempo saberão. Vamos aos adiantamentos. (*chamando*) Lopes!

LOPES
Pronto!

FRAZÃO
(*dando-lhe dinheiro*)
Aí tens. Confere.

LOPES

Está certo.

FRAZÃO

Florêncio!

FLORÊNCIO

Pronto! (*todos os artistas, de costas voltadas para o público, formam um círculo em volta da mesa em que está Frazão distribuindo o dinheiro. Entram do fundo, timidamente, dona Rita e Laudelina*)

Cena V

Os mesmos, DONA RITA, LAUDELINA

DONA RITA

É a primeira vez que entro nos fundos de uma venda!

LAUDELINA

Tenha paciência, dindinha; é por amor da arte... (*a Monteiro, que se aproxima, solícito*) Tem a bondade de me dizer se é aqui o escritório da empresa Frazão?

MONTEIRO

Não, minha senhora... isto é o meu estabelecimento, não é escritório de nenhuma empresa.

Laudelina
Desculpe.

Monteiro
Mas é aqui que o senhor Frazão trata dos seus negócios.

Dona Rita
Ele não está?

Monteiro
Está, sim, senhora. Está ali fazendo os adiantamentos aos artistas da companhia que hoje segue para fora. Se quiserem sentar-se e esperar um pouquinho? (*dá-lhes dois bancos; elas sentam-se agradecendo com gestos e sorrisos*) As senhoras querem tomar alguma coisa?

As duas
Muito obrigada.

Monteiro
(*à parte*)
É bem boa...

Laudelina
Tenha a bondade de me dizer: aquele ator que ali está vestido de preto não é o Vieira?

Monteiro
É, sim, senhora.

Dona Rita
Quê!... aquele cômico tão engraçado... que faz rir tanto!...

Monteiro
Em cena. Fora de cena, tem uma cara de missa de sétimo dia. Está sempre triste. (*afastando-se à parte*) Bem boa...

Laudelina
Como o teatro engana!

Dona Rita
Menina, eu acho melhor irmos para casa. Uma carreira artística que principia nos fundos de uma venda não pode dar bons resultados.

Laudelina
Aí vem a senhora! Estamos comprometidas... Fomos ontem à casa do Frazão... já mandamos as nossas bagagens para a estrada de ferro... e ficamos de vir aqui hoje, à uma hora, para recebermos o adiantamento. Agora não podemos recuar.

Dona Rita
Queira Deus que não te arrependas!

Laudelina
Nada me poderá suceder. Minha madrinha está a meu lado para proteger-me.

Dona Rita
Tua madrinha! E quem protege ela? Eu também sou uma fraca mulher...

Frazão
(*erguendo-se*)
Pronto, meus senhores! Já receberam os adiantamentos e os bilhetes de passagem. Tratem de mandar as suas bagagens para a estação, e às seis horas estejam todos a postos. O trem parte às seis e meia.

Todos
Sim... sim... Descanse... não haverá novidade, etc.

Frazão
Até lá!

Todos
Até lá! (*dispõem-se todos a sair*)

Frazão
(*vendo Laudelina*)
Ah! cá está ela!

Todos
Quem?

Frazão
A nossa primeira-dama!

Todos
Ah!

Frazão
(*tomando Laudelina pela mão e
apresentando-a aos artistas*)

Canto

Meus senhores, aqui lhes apresento
Uma nova colega de talento,
Que brilhante carreira principia
E faz parte da nossa companhia!

Coro
Receba, pois, o nosso cumprimento
Esta nova colega de talento,
Que brilhante carreira principia
E faz parte da nova companhia.

Laudelina
Não sei como agradeça, na verdade
Tanta amabilidade!

Coplas

I

Sou uma simples curiosa,
Que se quer fazer atriz;

Por não ser pretensiosa,
Eu espero ser feliz.
Tudo ignoro por enquanto
Da bela arte de Talma,
Mas prometo estudar tanto,
Que o povinho enfim dirá:
Elle a quelque...
Quelque chose...
Elle a quelque chose lã![6]

CORO
Elle a quelque, etc.

LAUDELINA

II

O que me alenta e consola
Na carreira que me atrai,
É sair da mesma escola
De onde tanto artista sai.
Quanta moça analfabeta
Que não sabe o bê-á-bá
Fez-se atriz, atriz completa
E do público ouviu já:
Elle a quelque..., etc.

---

6. Ela tem...
   Uma coisa...
   Uma coisa especial!

CORO
Elle a quelque…, etc.

FRAZÃO
Bom. Agora deixem-me tratar com estas senhoras.

MARGARIDA
(*saindo com Vilares*)
A primeira-dama, isto?

ISAURA
(*a um outro artista*)
É tão feia! Tão desajeitada!

COUTINHO
Já tem a sua idade…

LOPES
(*a dona Rita*)
E a senhora? é também atriz?

DONA RITA
Não, senhor, sou sua madrinha e acompanho ela.

LOPES
Ah!

Vieira
(*saindo, a Frazão*)
Vou para casa derramar algumas lágrimas no seio da família. Essas ausências matam-me! (*saem todos os artistas da companhia Frazão*)

Cena VI

Monteiro, Caixeiro, Fábio, Brochado, Frazão, dona Rita, Laudelina

Frazão
Então? prontas?...

Laudelina
Prontas.

Dona Rita
Deixei a casa entregue a uma comadre minha e despedi o moleque. As bagagens já foram para a estação.

Frazão
Aqui têm os bilhetes de passagem... e o adiantamento... (*dá-lhes os bilhetes e o dinheiro*)

Laudelina
O primeiro dinheiro ganho com o meu trabalho artístico! (*beija-o*)

DONA RITA
E ganho antes de trabalhar!

FRAZÃO
Está satisfeita?

LAUDELINA
Estou. Só levo um aperto no coração.

FRAZÃO
Qual é?

LAUDELINA
É seu Eduardo. Para que hei de mentir? Ele gosta de mim... não sou ingrata...

FRAZÃO
Quem é seu Eduardo?

DONA RITA
É o Luís Fernandes.

FRAZÃO
Ah! o tal que eu chamei arara...

LAUDELINA
Escrevi-lhe, despedindo-me dele.

DONA RITA
Coitado! (*a Frazão*) Bom, então, até o trem!

FRAZÃO
Até o trem!

DONA RITA
Olhe que se minha afilhada for infeliz, não lhe perdoo, seu Frazão! Foi o senhor que desencabeçou ela!

FRAZÃO
Há de ser muito feliz!

AS DUAS
Até logo! (*saem*)

FRAZÃO
Fiquei reduzido a dezoito mil réis.

Cena VII

Os mesmos, menos DONA RITA *e* LAUDELINA

MONTEIRO
Você é dos diabos! Onde foi desencantar aquela joia?...

FRAZÃO
Numa sociedade particular.

MONTEIRO
É séria?

Frazão
É, sim senhor! Não esteja a arregalar os olhos que aquilo não se faz para os seus beiços!

Monteiro
Nem para os seus.

Frazão
Naturalmente. Serei um pai para ela. Sou um empresário moralizado.

Monteiro
Com que então, custou-lhe muito a arranjar o cobre, hein? Andou pelas Paineiras, pelo Cabuçu...!

Frazão
Não andei senão até à Prainha, mas suei o topete! E se o Madureira não me mandar o conto de réis que me prometeu, estou frito. Você bem me podia acudir...

Monteiro
É que...

Frazão
Sim, já sei que dessa mata não sai coelho. Benza-o Deus! (*reparando em Brochado e Fábio, que adormeceram defronte um do outro*) Que é aquilo? o Brochado? Não sabia que ele estivesse de volta!

MONTEIRO
Chegou hoje.

FRAZÃO
Já se cansou de impingir monólogos aos paulistas?

MONTEIRO
(*examinando contra a luz
a garrafa de parati*)
Adormeceram ambos, depois de esvaziar uma garrafa de parati! (*sacudindo-os*) Eh, lá! Acordem!...

FRAZÃO
Bom! vou tratar da vida! (*sai pelo fundo*)

BROCHADO
(*sonhando*)
Chorava o arco... chorava o madeiro... tudo chorava...

MONTEIRO
Acordem! (*erguem-se os dois, esfregando os olhos*)

BROCHADO
Meu poeta, o seu *Trouxa* fez-me dormir: não presta!

FÁBIO
(*cambaleando*)
Perdão: não foi o *Trouxa*, foi o parati. (*forte da orquestra. Mutação*)

Quadro 3

(*O corredor da casa de pensão em que mora Frazão. À esquerda, a porta da rua, e, à direita, a cancela com cordão de campainha.*)

Cena I

EDUARDO, *depois um* CRIADO

EDUARDO
(*entrando*)
É aqui! É aqui a casa de pensão em que mora esse maldito empresário! Recebi uma carta de Laudelina em que me participava que parte hoje no noturno com a companhia Frazão... Ainda me parece um sonho! Já pedi ao patrão licença e um adiantamento de dois a três meses... Hei de acompanhá-la por toda a parte! Não a deixarei sozinha por montes e vales, exposta sabe Deus a que perigos! Mas antes disso, quero entender-me com esse homem, que odeio, porque foi ele quem lhe meteu na cabeça essa loucura!

Oh! eu!... (*vai a puxar o cordão da campainha e arrepende-se*) Tenhamos calma... Que vou dizer a esse empresário?... Com que direito aqui venho?... Oh, meu coração, meu pobre coração!

Coplas

I

Piedade eu te mereço,
Ó minha doce amada!
Esta alma torturada
Está por teu amor!
As mágoas que eu padeço
São grandes, muito grandes,
Porque nem Luís Fernandes
Amava assim Leonor!

II

Oh! não me bastam cartas!
No teu caminho incerto
De ti quero estar perto,
Ó minha linda flor!
Aonde quer que partas,
Por onde quer que tu andes,
O teu Luís Fernandes
Te seguirá, Leonor!...

Coragem! (*toca a campainha*) Também eu quero fazer parte da companhia Frazão!...

CRIADO
(*abrindo a cancela*)
Quem é?

EDUARDO
Mora aqui o ator Frazão?

CRIADO
Sim, senhor.

EDUARDO
Está em casa?

CRIADO
Sim, senhor, e à sua espera! Vou chamá-lo! (*sai*)

Cena II

EDUARDO, *depois* FRAZÃO

EDUARDO
(*só*)
À minha espera? Isso é que não! À espera de outro será!

FRAZÃO
(*entrando a correr*)
Dê cá, meu amigo, dê cá! Estava pelos cabelos! Já passa das cinco! Dê cá!

Eduardo
Dê cá o quê?

Frazão
(*reparando-o*)
Desculpe... julguei que o senhor fosse portador do conto de réis do Madureira! Um conto que espero com impaciência! Mas se não me engano: é o Luís Fernandes de Catumbi!

Eduardo
Sim, senhor! É o Luís Fernandes de Catumbi, que vem perguntar: Frazão, que fizeste da morgadinha?

Frazão
A morgadinha parte esta noite comigo no noturno: está na minha companhia.

Eduardo
(*furioso*)
Na sua companhia?

Frazão
Dramática... na minha companhia dramática... Nada de trocadilhos! Descanse: a morgada vai com ela.

Eduardo
A morgada não basta: é uma senhora. Eu, que a amo, que a adoro, que desejo que ela, só

ela seja mãe dos meus futuros filhos, quero acompanhá-la também, e venho oferecer-me para galã da companhia!

Frazão
Galã? Já tenho o Lopes e estou com a folha muito sobrecarregada.

Eduardo
Mas eu não quero que o senhor me pague ordenado.

Frazão
Ah! não quer? Por esse preço, convém-me. Pode ir; mas já distribuí todos os bilhetes de passagem.

Eduardo
Também não quero que me pague a passagem. Peço apenas para fazer parte do elenco.

Frazão
Pois não! e se o senhor me pudesse arranjar, pelo mesmo preço, um pai nobre que me falta...

Eduardo
Pelo preço contente-se com um galã. E adeus! vou preparar-me!

FRAZÃO

Adeus! se encontrar pelo caminho um caixeiro, ou coisa que o valha, com um conto de réis na mão, diga-lhe que venha depressa!

EDUARDO
Bem. (*à parte*) Vou com ela! (*sai*)

Cena III

FRAZÃO, *depois o* CRIADO

FRAZÃO
(*consultando o relógio*)
Cinco e vinte. Se se demora mais dez minutos, já não apanho o trem senão de tílburi! (*chamando*) Ó Joaquim! Estou num formigueiro! Que maldade a do Madureira! Prometer-me um conto de réis, e faltar à última hora! (*ao Criado, que entra*) Ó Joaquim, vai ali na praça buscar um tílburi! Depressa!

CRIADO
É já! (*sai*)

FRAZÃO
(*só*)
E levo esta vida há trinta anos! Pedindo hoje... pagando amanhã... tornando a pedir...

tornando a pagar... sacando sobre o futuro... contando com o incerto... com a hipótese do ganho... com as alternativas da fortuna... sempre de boa-fé, e sempre receoso de que duvidem de mim, porque sou cômico, e ser cômico vem condenado de longe... Mas por que persisto?... por que não fujo à tentação de andar com o meu mambembe às costas, afrontando o fado?... Perguntem às mariposas por que se queimam na luz... perguntem aos cães por que não fogem quando avistam ao longe a carrocinha da prefeitura, mas não perguntem a um empresário de teatro por que não é outra coisa senão empresário de teatro... Isso é uma fatalidade a que nos condena o nosso próprio temperamento. O jogador [é] infeliz porque joga? o fraco bebedor, por que bebe?... Também isso é um vício, e um vício terrível porque ninguém como tal o considera, e, portanto, é confessável, não é uma vergonha, é uma profissão... uma profissão... uma profissão que absorve toda a atividade... toda a energia... todas as forças... e para quê?... qual o resultado de todo esse afã? Chegar desamparado e paupérrimo a uma velhice cansada! Aí está o que é ser empresário no Brasil! Mas esse conto de réis que não chega!

CRIADO
(*entrando*)
O tílburi aí está!

Frazão

Falta apenas um quarto de hora para a partida do trem. Vou pôr o chapéu e tomar o tílburi! Entrego-me à sorte, ao deus-dará! (*sai pela direita*)

Cena IV

O Criado, *um* Velhote

Criado
(*só*)

Coitado do senhor Frazão! Parece que lhe roeram a corda! (*vai saindo*)

Velhote
(*entrando muito devagar e falando muito descansado*)

Psiu! o amigo?

Criado

Que é?

Velhote

Mora aqui um cômico por nome Frazão?

Criado

Mora, sim, senhor. É o senhor que lhe vem trazer um dinheiro?

Velhote
Que tem você com isso?

Criado
Ele está impaciente à sua espera! São quase horas do trem!

Velhote
Ah! tem pressa! Pois eu não tenho nenhuma.

Criado
Vou chamá-lo. (*sai*)

Cena V

O Velhote, *depois* Frazão

Velhote
(*só*)
O senhor Madureira faz mal. Emprestar um conto de réis a um cômico! Isso é gentinha a quem não se deve fiar nem um alfinete! Como sou amigo do senhor Madureira, que é um excelente patrão, demorei-me quanto pude no caminho, a ver se o tal Frazão partia sem o dinheiro! Este há de o senhor Madureira ver por um óculo!

FRAZÃO
(*entrando de mala na mão e guarda-pó debaixo do braço*)
Então, o dinheiro?

VELHOTE
Cá está! (*tira um maço de notas*) Venha primeiro o recibo!

FRAZÃO
Que recibo! que nada! Mandá-lo-ei pelo correio. (*toma o dinheiro e sai correndo*)

VELHOTE
Venha cá! venha cá! Quero o recibo! (*sai correndo. Mutação. Música na orquestra até o final do ato*)

Quadro 4

(*Na plataforma da estação central da estrada de ferro.*)

Cena I

A COMPANHIA FRAZÃO, *amigos*,
o CHEFE DO TREM, *depois* FRAZÃO

(*Ao erguer do pano, o trem que tem de levar a companhia está prestes a sair. Alguns artistas espiam pelas portinholas, inquietos por não verem chegar Frazão.*)

Artistas
O Frazão? o Frazão?

Vozes
Não arranjou o dinheiro!

Outros
Que será de nós?

Chefe do trem
(*apitando*)
Quem tem que embarcar, embarca! (*embarca, o trem põe-se em movimento. Entra Frazão a correr*)

Artistas
É ele! Para! Para!

Frazão
Para! (*atira a mala para dentro do trem, pendura-se no [tênder] do último carro-dormitório. O trem desaparece, levando Frazão pendurado, enquanto as pessoas que se acham na plataforma riem e aplaudem*)

[(*Cai o pano.*)]

ATO SEGUNDO

Quadro 5

(*Praça numa cidade do interior. À esquerda, uma grande árvore e à direita um sobrado de duas janelas, onde mora o coronel Pantaleão.*)

Cena I

DONA RITA, LAUDELINA, EDUARDO, VILARES, MARGARIDA, FLORÊNCIO, COUTINHO, VIEIRA, *artistas, pessoas do povo*

(*Ao levantar o pano, os artistas e as pessoas do povo formam dois grupos distintos, aqueles à esquerda, debaixo da árvore, e estes à direita, fundos. As bagagens da Companhia Frazão, caixões, malas, sacos de viagem, pacotes, etc. estão debaixo da árvore. Os artistas estão uns sentados nas malas, outros de pé e ainda outros deitados, parecendo todos fatigados por uma viagem penosa. Dona Rita dorme a sono solto, sentada numa das malas, e Vieira, também sentado, e um pouco afastado dos companheiros, lê uma carta sempre com o seu ar fúnebre. As pessoas do povo examinam os artistas de longe, curiosamente, mas como receosos de se aproximarem deles.)*

Coro das pessoas do povo

Aquela gente, de surpresa,
Aqui na terra amanheceu!
E ninguém sabe com certeza
Como foi que ela apareceu!

UNS

São ciganos!

OUTROS

São artistas!

UNS

São ciganos!

OUTROS

Não insistas!

Uns
São ciganos!

Outros
Não há tal!
Com certeza é pessoal
Teatral!

Coro
Com certeza é pessoal
Teatral!

Os artistas
(*entre si*)
Aquela gente não se aproxima...
Falar deseja, mas não se anima.
Está decerto desconfiada
De que nós somos ladrões de estrada,
E de que temos, talvez, vontade
De saquear-lhes toda a cidade!

Junção dos dois Coros

Aquela gente, de surpresa, etc.
Aquela gente não se aproxima..., etc.

Laudelina
Como estão desconfiados!

Eduardo
Que olhares nos lançam!

Florêncio
Demo-nos a conhecer.

Vilares
Sim, porque do contrário são capazes de nos correr a pedrada!

Margarida
(*a Eduardo*)
Tu, que és o nosso orador oficial, vai ter com eles.

Eduardo
Dizes bem. Vou dirigir-lhes a palavra! (*encaminhando-se para as pessoas do povo*) Meus senhores... (*vendo Eduardo aproximar-se, as pessoas do povo soltam um grito estridente, e fogem por todos os lados. Só ficam em cena os artistas que, à exceção de Vieira, riem às gargalhadas*) Bonito! Fugiram todos!

Vilares
Estamos arranjadinhos... Aqui o público foge dos artistas!...

Coutinho
Eu bem disse que não viéssemos cá!... que era asneira!

Margarida
Mas que lembrança do Frazão! vir a uma cidade que ele não conhecia e onde não conhecia ninguém!

Florêncio
Sem trazer sequer uma carta de recomendação!

Eduardo
Nem dinheiro!

Laudelina
(*a Eduardo*)
Olhe, dindinha adormeceu...

Eduardo
Pudera! com esta viagem de três dias!

Laudelina
Se ainda fosse em trem de ferro, mas em carros de boi!

Vilares
E em burros!

Florêncio
(*olhando para dona Rita*)
Pudesse eu fazer o mesmo! Se apanho uma cama, há de me parecer um sonho! (*Vieira soluça forte*)

TODOS
(*voltando-se*)
Que é isso?

VILARES
É o Vieira, que chora! Recebeu há cinco dias aquela carta da família, e tantas vezes a tem lido que já deve sabê-la de cor e salteada!

FLORÊNCIO
Assim decorasse ele os seus papéis!

VIEIRA
(*como para si*)
Meus pobres filhos!

MARGARIDA
Estão doentes? (*aproxima-se dele*)

VIEIRA
Não; mas estão longe, muito longe!

EDUARDO
Vê, dona Laudelina, em que deu a sua loucura? Que triste desilusão! Durante o primeiro mês a coisa não foi mal, mas daí por diante tem sido o diabo. Estavam-nos reservadas todas as contrariedades.

Vilares

Todas? Falas assim porque és marinheiro de primeira viagem. Pelo menos o nosso empresário até hoje nos tem pago em dia...

Florêncio

Pois sim, mas durante as viagens suspende os ordenados!

Coutinho

E como levamos todo o tempo a viajar...

Vieira

(*fúnebre*)
É com dificuldade que se manda algum socorro à família.

Margarida

Outro que não fosse o Frazão já nos teria abandonado. Isso é que é verdade!

Vilares

O caso é que temos vivido... e que ele pouco deve. O seu primeiro cuidado foi mandar pagar no Rio os três contos que pediu emprestados.

Coutinho

Fez mal em pagar tão depressa: ficou sem fundo de reserva.

Florêncio
Qual ficou, qual nada! Pois vocês acreditam que o Frazão não tenha dinheiro?

Todos
(*protestando*)
Não! Isso não! Oh!...

Florêncio
Ora! querem vocês conhecê-lo melhor do que eu! Aquele sabe viver!

Margarida
És muito má língua! O que vale é que ninguém faz caso do que tu dizes.

Florêncio
Bem fez o Lopes: quando viu que a coisa desandava, rodou, e por aqui é o caminho.

Laudelina
Perdão, senhor Florêncio, não foi por isso que o senhor Lopes se retirou.

Eduardo
Foi porque ficou enciumado comigo, e disse que a companhia não precisava de dois galãs dramáticos.

Vilares
Pudera! se dona Laudelina não queria representar senão contigo!

Laudelina
Porque o senhor Lopes não era sério... fazia muito ao vivo os seus papéis...

Coutinho
É um artista consciencioso.

Dona Rita
(*que abriu os olhos*)
Pois sim, mas não precisava beijar ela quando a peça não mandava! (*risos*)

Margarida
Ah! isso é costume antigo do Lopes. Foi assim que começaram os nossos amores... e foi por isso que o deixei, porque, depois de estar comigo, entendeu que devia continuar a fazer o mesmo com as outras... Todas as vezes que entrava para a companhia uma atriz nova e bonita, ele abusava dos beijos!

Laudelina
E dos abraços! e dos apertos de mão!

Dona Rita
(*erguendo-se*)
Eu cá é que nunca imaginei representar senão em sociedades particulares, onde os beijos são suprimidos. O artigo 17 dos estatutos do Grêmio Dramático Familiar de Catumbi diz o seguinte:

"É proibido aos amadores beijar as amadoras em cena, a menos que para isso estejam autorizados por quem de direito."

Eduardo
Mas o Frazão teve a habilidade de convencê-la de que a senhora devia substituir a Engrácia!

Florêncio
Substituir é um modo de dizer, meu caro amigo... uma amadora não substitui uma artista...

Dona Rita
Ora quem sabe! Talvez o senhor se julgue insubst... insubst....

Todos
Insubstituível.

Dona Rita
Quem sabe? Pois agradeçam à Providência haver à mão uma amadora, porque, se assim não fosse, muitas peças ficavam desmontadas!

Vilares
Tem razão, dona Rita: com peças desmontadas não se faz fogo! (*risadas*)

Florêncio
Mas o Frazão, o Frazão, que não volta!

COUTINHO
Há uma hora que foi procurar um hotel... e deixou-nos acampados aqui, como um bando de ciganos.

FLORÊNCIO
Sabe Deus se não passou as palhetas!

TODOS
(*protestando*)
Oh!

FLORÊNCIO
Vocês não o conhecem como eu!

MARGARIDA
Cala a boca, má língua! Ali vem ele!

TODOS
Ah! (*erguem-se todos os artistas que estavam sentados ou deitados. Frazão entra do fundo, à direita, com as mãos nas algibeiras, o chapéu deitado para trás e fisionomia contrariada*)

Cena II

Os mesmos, FRAZÃO

ARTISTAS
Então? Arranjou um hotel? (*Frazão passeia de um lado para outro, sem responder*) Então?

Fale! Responda! (*mesmo jogo de cena*) Vamos! Diga alguma coisa!

                Frazão
               (*parando*)

Sebo!

                Os artistas

Hein?

                Frazão

Sebo! Três vezes sebo! (*pausa. Ansiedade geral*) Há, nesta próspera e florescente cidade de Tocos, um hotel... um único... o Hotel dos Viajantes...

                Laudelina

Então estamos bem.

                Frazão

Bem mal. O dono do hotel diz que não tem lugar nem comida para tanta gente.

                Dona Rita

Mas ao menos eu e minha afilhada, que somos as principais figuras da companhia...

(*ao mesmo tempo*)

> ###### Vilares
> Protesto!
>
> ###### Margarida
> Olhem a velha!
>
> ###### Florêncio
> Aqui não há primeiras figuras!
>
> ###### Coutinho
> Toleirona!
>
> ###### Outros artistas
> Isso é que não! Alto lá!...

Frazão
Desculpem-na. Dona Rita não tem ainda bastante prática do ofício... não sabe guardar as conveniências.

Vieira
(*num tom fúnebre*)
A primeira figura da companhia, modéstia à parte, e sem ofender os colegas, sou eu.

Frazão
Tens razão, Vieira. Pelo menos, depois de mim, és o que mais agrada.

Vieira
(*no mesmo tom*)
Quando estou em cena, o público torce-se de riso...

Dona Rita
Por isso, aquele crítico de Uberaba disse que o senhor tinha muita *noz-vômica*.

Frazão
Que *noz-vômica*! *Vis comica*! (*risadas*)

Vilares
Mas vamos ao que serve... O hotel?... Quantos cabemos lá?

Frazão
Nenhum, porque o homem diz que não fia.

Eduardo
Por quê?

Frazão
A última companhia que aqui esteve pregou-lhe um calo de quatrocentos e oitenta e sete mil e duzentos réis.

Laudelina
Como o senhor decorou a quantia!

Frazão
Pelo hábito de decorar os papéis. Fiz-lhe ver que havia muita diferença entre um empresário da minha categoria e o Chico dos Tiros, que aqui esteve; mas todo o meu talento, toda a minha eloquência, todos os meus esforços foram vãos!

Todos
Oh!

Vilares
Insiste-se.

Frazão
Não há que insistir. O dono do Hotel dos Viajantes é um antigo colega nosso.

Todos
Sim? Um ator?

Frazão
Um ator muito ordinário. Veio há muitos anos para esta cidade com um mambembe que aqui se dissolveu. Diz ele que conhece a classe. Respondi-lhe com uma descompostura daquelas... vocês sabem!... e contive-me para não lhe quebrar a focinheira!

Florêncio
Que grande patife! Não saiamos daqui sem lhe dar uma lição!

Todos
Apoiado!

Frazão
(*levando o dedo polegar à testa*)
Tenho uma ideia!

Todos
Uma ideia! Qual?

Frazão
Onde dormimos nós esses três dias que levamos do Tinguá até aqui?

Laudelina
Nos carros que nos trouxeram.

Frazão
Pois bem, hospedemo-nos neles, até acharmos casa.

Eduardo
Pois o senhor não viu que, mal nos apeamos dos burros e as senhoras desceram dos carros, tudo voltou para o Tinguá?

Vilares
Só ficou o carreiro para receber nestes três dias os duzentos mil réis da condução.

Frazão
É isso, é (*com um repente, elevando a voz e erguendo as mãos para o céu*) Manes de Téspis e de Molière! alma do defunto Cabral, o maior mambembeiro de que há notícia nos fastos da arte nacional, inspirai-me nesta situação tremenda!... (*a Vilares, indicando-lhe uma rua*) Ó Vilares, vai tu com a Margarida por esta rua fora, e façam o possível por descobrir alguma coisa.

Vilares
Está dito! (*a Margarida*) Nem que seja só para nós.

Frazão
O ponto de reunião é nesta praça, daqui a uma hora.

Margarida
Vamos cavar. (*sai com Vilares*)

Frazão
Florêncio, vai com a Marcelina por esta outra rua.

Florêncio
Por que com a Marcelina?

Frazão
Para parecer gente casada... Oh! eu sei o que são esses lugares!...

Florêncio
Vamos lá! (*sai com uma das coristas*)

Frazão
Coutinho, embica por acolá, e leva contigo a Josefina.

Coutinho
Anda daí! Olha que vais passar por minha mulher! Vê lá como te portas! (*saem*)

Frazão
Tu, Vieira...

Vieira
Deixa-me. Vou informar-me onde é o cemitério e passar lá uma hora... apraz-me o silêncio dos túmulos. (*sai*)

Frazão
(*contemplando-o enquanto ele vai saindo*)
Quem será capaz de dizer que ali vai o rei da gargalhada? (*distribuindo outros atores e atrizes*) Vocês por aqui, vocês por ali... (*a um ator velho*) Tu, meu velho, ficas tomando conta da bagagem. (*têm saído todos menos Frazão, dona Rita, Laudelina, Eduardo e o Velho Ator*) Eu e dona Rita vamos por este lado. O Eduardo e a Laudelina por aquele...

DONA RITA
Não. O melhor é seu Eduardo ir com o senhor, e eu com Laudelina.

LAUDELINA
Ó dindinha! É para parecermos todos casados!

DONA RITA
Nesse caso, vai com seu Frazão e eu vou com seu Eduardo.

FRAZÃO
Como eu disse está bem! Que receia a senhora? Pois se não temos casa, quanto mais quartos!

DONA RITA
Enfim... (*sai com Frazão*)

EDUARDO
(*à parte*)
Passar por marido dela! Que ironia da sorte! (*sai com Laudelina*)

Cena III

IRINEU, O VELHO ATOR, *sentado numa das malas, depois* PANTALEÃO

Irineu
(entrando da direita alta, estacando diante das bagagens)
Que é isto? Ah! Já sei... é a bagagem da companhia dramática chegada hoje do Tinguá! (*ao Velho Ator*) Não é? (*sinal afirmativo do Velho Ator*) Eu vinha justamente dar essa grande novidade ao coronel Pantaleão. (*indo bater à porta de Pantaleão*) Coronel! Coronel! Na sua qualidade de dramaturgo, ele vai ficar contentíssimo com a notícia!

Pantaleão
(aparecendo à janela do sobrado em mangas de camisa)
Quem é? Ah! É você, capitão?

Irineu
Em primeiro lugar, cumprimento a vossa senhoria por ser hoje o dia do seu aniversário natalício, e colher mais uma flor no jardim da sua preciosa existência.

Pantaleão
Muito obrigado!

Irineu
Em segundo lugar, dou-lhe uma notícia, uma grande notícia que interessa a vossa senhoria não só como ilustre presidente da Câmara Municipal

de Tocos, mas também, e principalmente, como dramaturgo!

PANTALEÃO
Ah! sim? qual é?...

IRINEU
Chegou esta manhã, há uma hora, uma companhia dramática!

PANTALEÃO
Uma companhia dramática! Que está dizendo?

IRINEU
Para a prova aqui estão as bagagens. (*lendo o letreiro de uma caixa*) "Companhia Frazão."

PANTALEÃO
Frazão? Será o célebre, o popularíssimo[7] Frazão?

IRINEU
Deve ser. Não creio que haja dois Frazões.

PANTALEÃO
Vou vestir o rodaque e desço já! (*saindo da janela*) Ó dona Bertolesa?

---

7. Brandão era conhecido como "o popularíssimo".

IRINEU

Ficou entusiasmado! Já não quer saber de outra coisa! O teatro é a sua cachaça! Quem não deve gostar é dona Bertolesa, que tem muitos ciúmes das cômicas.

PANTALEÃO
(*saindo de casa a vestir o rodaque*)
Ora muito me diz! Uma companhia dramática! (*vai examinar as bagagens e cumprimenta o Velho Ator*) O senhor é o célebre Frazão?

VELHO ATOR
Ai, não, senhor, quem me dera!...

PANTALEÃO
Mas é artista?

VELHO ATOR
Sim, senhor, do pano do fundo... só faço pontas.

PANTALEÃO
(*a Irineu*)
Diz que só faz pontas. Essa linguagem teatral é incompreensível!

IRINEU
Já sei que vossa senhoria vai de novo fazer representar o seu drama?

Pantaleão
Não me fale! Um drama que me obrigou a estudos de história, de geografia, da mitologia e da Bíblia, para afinal não ser compreendido por esses idiotas!...

Irineu
Ele foi pateado porque o Chico dos Tiros não o pôs em cena como devia pôr.

Pantaleão
Como não, se gastei perto de cinco contos de réis? Foi o major Eufrásio que promoveu a pateada, por fazer oposição à municipalidade! Mandou para o teatro toda a sua gente!...

Irineu
E a coisa acabou num formidável turumbamba! O subdelegado suspendeu o espetáculo!

Pantaleão
E a representação não acabou! Ah! mas o meu drama há de ir à cena, quer queiram, quer não queiram! Você já viu o Frazão?

Irineu
Já... isto é, creio que foi ele que eu vi, no Hotel dos Viajantes, passando uma descompostura ao tenente Gaudêncio, porque este não quis hospedar a companhia.

PANTALEÃO
O Gaudêncio está escabreado.

Cena IV

Os mesmos, EDUARDO *e* LAUDELINA

EDUARDO
E esta! Demos uma volta e, sem querer, viemos ter à mesma praça de onde saíramos!

LAUDELINA
Estão ali dois sujeitos... pergunte-lhes...

EDUARDO
(*dirigindo-se a Pantaleão e cumprimentando-o com muita cortesia*)
Bom dia. O cavalheiro dá-me uma informação?

PANTALEÃO
Pois não! Se puder... (*acotovela Irineu, mostrando-lhe Laudelina com os olhos, que arregala*)

EDUARDO
Indica-me com quem se poderá, nesta cidade, contratar casa e comida para o pessoal da grande Companhia Dramática Frazão, do Teatro São Pedro de Alcântara, da Capital Federal, que vem dar aqui uma pequena série de representações?

PANTALEÃO
Ah! os senhores são artistas?

EDUARDO
Eu sou o galã e esta senhora é a primeira-dama da companhia.

PANTALEÃO
Minha senhora... (*à parte*) É um pancadão!

LAUDELINA
Meus senhores...

IRINEU
Excelentíssima!... (*à parte*) Que teteia!...

EDUARDO
A companhia é dirigida pelo afamado e ilustre ator Frazão e traz um escolhido repertório de dramas e comédias.

PANTALEÃO
De dramas?... Representam dramas?... Dramas compridos, que levam muito tempo?

LAUDELINA
Compridos e curtos!

EDUARDO
De todos os tamanhos!

PANTALEÃO
(*subindo*)
Esta é a bagagem?

EDUARDO
Sim, senhor.

PANTALEÃO
Não deve ficar na rua. Vou mandá-la para o teatro. (*a Irineu*) Capitão Irineu, você fica encarregado disso. A chave do teatro está ali em casa. Peça-a a dona Bertolesa.

IRINEU
Às ordens de Vossa Senhoria. (*entra em casa de Pantaleão*)

EDUARDO
(*alegre*)
Ah! o cavalheiro é o dono do teatro?

PANTALEÃO
Quase.

LAUDELINA
Como quase?

PANTALEÃO
O teatro é da municipalidade... e como eu sou presidente da Câmara Municipal...

EDUARDO *e* LAUDELINA
Ah!

PANTALEÃO
É como se fosse dono do teatro.

EDUARDO *e* LAUDELINA
É.

IRINEU
(*saindo da casa de Pantaleão*)
Aqui está a chave do Templo das Musas! Vou abri-lo! (*a Eduardo*) Quer vê-lo?

EDUARDO
Pois não! (*baixo a Laudelina*) Trate de agradar-lhe. (*sai com Irineu. Ao sair, recomenda ao Velho Ator, por um gesto, que tenha olho em Laudelina. O Velho Ator, por outro gesto, diz-lhe que vá descansado*)

Cena V

PANTALEÃO, LAUDELINA, O VELHO ATOR

LAUDELINA
(*à parte*)
Agradar-lhe como?...

PANTALEÃO
Com que, então, a senhora é a primeira-dama?

LAUDELINA
Sim, senhor.

PANTALEÃO
A sua graça é?...

LAUDELINA
Laudelina Pires, uma sua criada.

PANTALEÃO
Pois eu sou Pantaleão Praxedes Gomes, coronel comandante superior da Guarda Nacional, negociante, venerável da Maçonaria, presidente da Câmara Municipal e autor do drama em doze atos e vinte e um quadros *A passagem do mar Amarelo*[8].

LAUDELINA
Ah! é dramaturgo?

PANTALEÃO
(*modestamente*)
Sim... dramaturgo.

---

8. Pantaleão é caricatura de um negociante português chamado Fonseca Moreira que, amante do teatro, escrevia dramas fantásticos esdrúxulos e patrocinava, ele próprio, as encenações de seus textos. Sua peça mais famosa chamava-se *A passagem do mar Vermelho*.

LAUDELINA
(*à parte*)
Ai, o Frazão aqui! (*alto*) Por que não aproveita a nossa vinda e não pede ao empresário que leve a sua peça?

PANTALEÃO
Se ele quiser... O drama está montado... os cenários e vestuários estão no teatro. O papel da primeira-dama é um papelão!

LAUDELINA
Deveras?

PANTALEÃO
Ouça esta fala: "Faraó é rigoroso nas suas crenças e inimigo de Moisés, a quem hostilizou em todos os terrenos, tanto que, regressando da guerra, por um decreto real, proibiu aos habitantes de Mênfis dar casa e comida a esse povo..."

LAUDELINA
Casa e comida? Mas olhe que não somos hebreus!

PANTALEÃO
Não me refiro à companhia. (*outro tom*) ... "a esse povo, e ainda sinto horror ao recordar-me da crueldade dos soldados e esbirros torturando essas vítimas inocentes!"

LAUDELINA

Mas deixe-me dizer... O mar Amarelo fica entre a China e o Japão, e o senhor fala em Moisés e Faraó. Creio que se enganou de cor: deve ser o mar Vermelho.

PANTALEÃO

Vejo que a senhora sabe geografia. Ainda bem! Eu lhe explico: o assunto do drama é, realmente, a ida do povo de Moisés à terra da Promissão, mas, se eu o fizesse sair ali da Palestina para levá-lo ao Egito, passando pelo mar Vermelho, seria uma coisa à toa! Quis dar mais peripécias ao drama. Fiz com que o povo desse uma volta maior. Levei-o pela Sibéria, para haver uma cena nos gelos... De lá ele desce à Mandchúria, da Mandchúria à Coreia, da Coreia ao Japão, do Japão atravessam o mar Amarelo. Fim do sexto ato. No dia seguinte...

LAUDELINA

Como no dia seguinte?

PANTALEÃO

O meu drama leva dois dias a representar-se. Então a senhora queria que eu fizesse toda essa viagem numa noite só? No dia seguinte, o povo de Moisés vem pela China, Indostão, Afeganistão, Beluquistão, Arábia, e então é que passa o mar Vermelho! Fim do ato décimo segundo!

LAUDELINA
Deve ser bonito!

Duetino

PANTALEÃO
Creia, senhora, que o meu drama
Não é de todo mau; talvez
Que ao dramaturgo desse fama,
Se fosse acaso ele francês;
Porém metido aqui na roça,
Sem um estímulo qualquer,
Autor não há que alçar-se possa,
Tenha o talento que tiver!

LAUDELINA
C'ronel, por que razão
Não aprende o francês e não vai para a
[França?

PANTALEÃO
Senhora, eu já não sou criança;
Não posso ter essa ambição.
De mais a mais eu sou casado e pai de
[filhos,
E tenho muitos outros empecilhos.

LAUDELINA
Sim, já me disse vossa senhoria
Que é venerável da Maçonaria...

PANTALEÃO
E coronel da Guarda Nacional...

LAUDELINA
E presidente...

PANTALEÃO
Perfeitamente...

AMBOS
Da Câmara Municipal. (*repetem três ou quatro vezes*)

LAUDELINA
Tarda-me ver no programa
Da Companhia Frazão
Anunciado o seu drama
Que espero ser um dramão.

PANTALEÃO
Um dramão?

LAUDELINA
Não quis dizer um dramalhão.
Hei de vê-lo fazendo furor,
E o povinho gritando – que belo!
Bravos! Bravos! à cena o autor
Da *Passagem do mar Amarelo*!

(*bis, pelos dois*)

PANTALEÃO
Agradece-lhe tanta simpatia
O venerável da Maçonaria...

LAUDELINA
E coronel da Guarda Nacional...

PANTALEÃO
E presidente...

LAUDELINA
Perfeitamente...

AMBOS
Da Câmara Municipal! (*repetem quatro vezes*)
Municipal!

LAUDELINA
Fale hoje mesmo ao Frazão, que não tarda aí.

PANTALEÃO
Logo mais, agora não tenho tempo: estou pondo em ordem uns papéis da Câmara. Demais, faço hoje anos, e é provável que os amigos repitam o que têm feito nos anos anteriores... uma manifestaçãozinha espontânea... Preciso mandar avisar alguns.

LAUDELINA
Avisá-los para quê? Se é espontânea...

Pantaleão
Sim, mas talvez não se lembrem. Aqui não é como no Rio de Janeiro, onde há jornais para anunciar quem faz anos. O boticário é o promotor da manifestação. Pelo menos o tem sido nos outros anos.

Laudelina
O boticário?

Pantaleão
Sim, o capitão Irineu... aquele que ainda há pouco saiu daqui com seu marido.

Laudelina
Meu marido, não.

Pantaleão
Ah! não são casados?

Laudelina
Nem casados nem outra coisa.

Pantaleão
Desculpe... mas como a vi ao lado dele...

Laudelina
Não quer dizer nada.

Pantaleão
Seu marido é outro?

Laudelina
Não, senhor, eu sou solteira.

Pantaleão
(*contente*)

Ah! é solteira?

Laudelina
(*à parte*)

Já tardava!

Pantaleão
Bom... até logo... Vou ver os papéis da Câmara!

Laudelina
Até logo, senhor coronel.

Pantaleão
(*à parte*)

Solteira! (*entra em casa*)

Laudelina
E dizer que em toda a parte tem sido a mesma coisa: não há pedaço d'asno que não me faça perguntinhas impertinentes... Não! noutro mambembe não me apanham nem que me dourem!... Mas é preciso avisar o Frazão da existência providencial deste dramaturgo de Tocos.

Cena VI

LAUDELINA, O VELHO ATOR, EDUARDO,
IRINEU *e carregadores*

EDUARDO
(*a Laudelina, coçando as pernas*)
O teatro não presta para nada, mas em compensação tem muitas pulgas.

IRINEU
(*que também se coça, aos carregadores*)
Levem tudo isto para o teatro! (*os carregadores obedecem, ajudados por Eduardo e pelo Velho Ator*)

LAUDELINA
(*a Irineu*)
Capitão, dá-me uma palavra?

IRINEU
Ó! minha senhora!... duas, três, quantas queira! (*à parte, coçando-se*) É uma teteia!...

LAUDELINA
É verdade que o senhor vai promover uma manifestação ao coronel presidente da Câmara?

IRINEU
Quem lhe disse?

Laudelina

Ele mesmo.

Irineu

Ah! está com a boca doce? Mas nessa não caio eu! Há já três anos que faço tal engrossamento e ainda não sou vereador. Só a música me tem custado setenta e cinco mil réis.

Laudelina

Por ano?

Irineu

Ah! não! Vinte e cinco mil réis de cada vez. Fora os foguetes!

Laudelina

Não é caro.

Irineu

Ainda mesmo que este ano eu quisesse fazer a manifestação, não podia, porque, segundo ouvi dizer, o major Eufrásio tratou a banda de música por quarenta mil réis, só para meter ferro ao coronel Pantaleão.

Laudelina

Major... coronel... aqui todos os senhores têm postos...

IRINEU
Todos! Até eu sou capitão!

LAUDELINA
Bem sei.

Coplas

I

IRINEU
Aqui, não sendo a gente
Ou padre ou bacharel,
Apanha uma patente
E chega a coronel.
Não há maior desgosto,
Nem mais profundo mal
Do que não ter um posto
Na Guarda Nacional!

II

Alferes e tenente
Já fui; sou capitão,
E espero brevemente
Major ser, pois então!
E peço a Deus, na Igreja,
Pois sou devoto fiel,
Viver até que seja
Tenente-coronel!

(Terminada essa cena todas as bagagens devem ter desaparecido. Irineu, Eduardo e o Velho Ator acompanharam as últimas.)

Cena VII

LAUDELINA, FRAZÃO, DONA RITA, VILARES, MARGARIDA, FLORÊNCIO, COUTINHO, *artistas, depois* EDUARDO, *depois* VIEIRA, *depois* IRINEU

FRAZÃO
Sem nos combinarmos, fomos todos ter no largo da Matriz e aqui estamos juntos. Só falta o Vieira, que se meteu no cemitério.

VILARES
Foi ver se os defuntos lhe davam de almoçar!

DONA RITA
Estamos perdidos, seu Frazão! Vamos todos morrer de fome!...

FLORÊNCIO
Fogem de nós como se fôssemos a peste!

FRAZÃO
Não desanimem!... Já lhes disse que do Tinguá telegrafei ao Madureira, pedindo-lhe que me tornasse a emprestar o conto de réis que paguei. A todo o momento pode chegar a resposta.

EDUARDO
(*entrando*)
As bagagens estão no teatro.

FRAZÃO
As bagagens? (*reparando*) É verdade!

ARTISTAS
(*idem*)
É verdade!

FRAZÃO
Como foi isso?!...

LAUDELINA
Alegrem-se! Travei conhecimento com o coronel Pantaleão não sei de quê, venerável da Maçonaria e presidente da Câmara Municipal de Tocos!...

EDUARDO
Foi ele quem mandou as bagagens para o teatro.

LAUDELINA
Esse ilustre cidadão, que mora ali, dar-nos-á casa e comida...

TODOS
Deveras?... (*entra Vieira, sempre muito triste*)

LAUDELINA
Mas para isso serão necessárias duas coisas...

TODOS
Quais?

LAUDELINA
Primeira, que o senhor se comprometa a representar um drama que ele escreveu, de grande espetáculo, em doze atos e vinte e um quadros!

FRAZÃO
Doze atos? Olha que são muitos atos!

LAUDELINA
A peça está montada... os cenários e as vestimentas estão no teatro...

EDUARDO
(*coçando-se*)
Por sinal que devem ter muitas pulgas.

FRAZÃO
E qual é a segunda coisa?

LAUDELINA
Fazer ao mesmo coronel, venerável e dramaturgo, uma manifestação obrigada a banda de música e foguetes, pois que é hoje o dia dos seus anos!

FRAZÃO
Sim... mas onde vamos buscar dinheiro para os foguetes e a música? Nós estamos a nenhum!

EDUARDO
Vou dizer-lhes uma coisa pasmosa! Preparem-se para pasmar!

TODOS
Que é?

EDUARDO
Ainda me restam vinte e sete mil e quinhentos réis dos ordenados que me adiantaram no Rio de Janeiro!

TODOS
Oh!... Vinte e sete mil e quinhentos réis!... Oh!...

FRAZÃO
(*passando o braço em volta do pescoço de Eduardo*)
Meus senhores, mirem-se neste exemplo! Dos meus artistas é ele o único que não ganha, e foi o único que economizou!

EDUARDO
Quanto custará essa música?

LAUDELINA
Vinte e cinco mil réis, disse-me o capitão-boticário. (*a Eduardo*) Ainda ficam dois mil e quinhentos réis.

FRAZÃO
Para os foguetes.

EDUARDO
Vocês limpam-me!

FRAZÃO
Dê cá o cobre. Eu me encarrego de tudo!

EDUARDO
(*dando-lhe o dinheiro*)
Mas o senhor não sabe onde se trata a música!

FRAZÃO
Quem tem boca vai a Roma! (*entra Irineu*)

LAUDELINA
Cá está quem sabe. (*a Irineu*) Capitão, onde se contrata a música?

IRINEU
É perto. Quem é que vai?

FRAZÃO
Eu.

Irineu
(*tomando-o pelo braço e levando-o ao bastidor*)
Não tem que saber. O senhor vai por esta rua... vai indo... vai indo... quebra a segunda esquina... e pergunta onde mora o mestre Carrapatini... um sapateiro italiano... é logo ali.

Frazão
Sapateiro?

Irineu
Sim, sapateiro e mestre da banda. Creio até que eles estão ensaiando. Os músicos estão reunidos.

Frazão
Não é preciso mais nada. (*sai a correr*)

Cena VIII

Os mesmos, menos Frazão

Eduardo
(*a Irineu*)
O senhor é amigo do homem?

Irineu
Que homem? o Carrapatini?

Eduardo
Não; o coronel.

Irineu
Amicíssimo.

Eduardo
Nesse caso, tenha a bondade de convidar outros amigos para aderirem à manifestação que nós queremos fazer ao eminente dramaturgo de Tocos... Como é mesmo que ele se chama?

Irineu
Coronel Pantaleão Praxedes Gomes.

Eduardo
Praxedes Gomes!

Irineu
Não é preciso. Basta mandar tocar a música, soltar foguetes e dar umas voltas pela cidade gritando "Viva o coronel Pantaleão", para que o povo acuda.

Vilares
É então muito popular esse homem?

Irineu
Não... quase toda a gente embirra com sua senhoria... mas como se sabe que em casa dele

há comida e bebida em penca... (*os artistas descem e aproximam-se*)

Dona Rita
Comida!

Vilares
Bebida!

Margarida
Em penca!

Todos os artistas
Em penca! Comida! Bebida! Não é um sonho? Oh, que bom! (*dançam à volta de Irineu*)

Irineu
(*espantado*)
Sim! comida e bebida! leitão! arroz de forno! peru recheado! fritada de palmito!...

Todos os artistas
Leitão! peru! arroz de forno! palmito!... (*dançam e abraçam Irineu. Ouve-se ao longe a banda de música, que pouco a pouco se vem aproximando*)

Eduardo
Aí vem a música!

Todos
Sim, aí vem, aí vem a música!

Irineu
Pois olhe, não supus que ele arranjasse a banda. O Carrapatini disse-me que o major Eufrásio já a tinha tratado por quarenta mil réis.

Eduardo
Quem sabe? Vem talvez por conta desse major Eufrásio.

Florêncio
(*olhando para fora*)
Não, porque o Frazão vem à frente!

Margarida
Sim, é o Frazão, que dá os vivas!

A voz de Frazão
Viva o coronel Pantaleão!

Vozes
Viva!... (*a banda de música, cujos sons se têm aproximado aos poucos, entra em cena trazendo à frente Carrapatini a reger, e Frazão entusiasmado a dar vivas. Vêm atrás dela algumas pessoas do povo*)

Cena IX

Os mesmos, Frazão, Carrapátìni, *músicos, povo, depois* Pantaleão *à janela*

Frazão
Viva o coronel Pantaleão!

Todos
Viva!

Pantaleão
(*aparecendo à janela com a família*)
Muito obrigado! Muito obrigado! (*quer fazer um discurso mas não pode falar por causa do barulho da música. Bate palmas*)

Todos
Psiu! Psiu! Para! Para! (*a banda deixa de tocar*)

Pantaleão
Meus senhores, eu...

Irineu
(*aproximando-se da janela e interrompendo-o*)
Coronel! Coronel!

Pantaleão
Que é, capitão?

Irineu
Ainda não é hora. Precisamos reunir mais gente.

Pantaleão
Ah, sim, eu espero. Saia da janela, dona Bertolesa... saiam meninas!... (*saem da janela*)

Irineu
(*a Frazão*)
Vamos dar uma volta pela cidade para arrebanhar mais povo.

Frazão
Mas é que a fome é muita.

Irineu
Não faz mal: eu já almocei. (*a Carrapatini*) Então a banda não estava tratada pelo major Eufrásio?

Carrapatini
Si, per cuarenta, ma il signore Frazone trató por xinquanta.

Eduardo
Por cinquenta?

Carrapatini
Ha dato vinte e xinque per conta...

Frazão

E *ficate* devendo *altri vinte e xinque...* Siga a banda. Viva o coronel Pantaleão!

Todos

Viva!... (*saem todos à frente da banda. Os sons desta e os vivas de Frazão perdem-se ao longe. Sai por último Vieira, sempre muito triste*)

Cena X

Pantaleão, *depois visitas, depois todos os personagens do quadro*

Pantaleão
(*aparecendo à janela*)
Decididamente o capitão Irineu é um bom amigo! Esta é a quarta manifestação com que me engrossa! O homem precisa ser vereador! Quem se vai ralar é o major Eufrásio, e dona Bertolesa também, porque temos que dar de comer a muita gente! Não faz mal. Há aí comida para um exército! (*a um tipo, que entra*) Ó seu alferes Xandico! Vá entrando! (*Xandico entra na casa*) Ó seu major Anastácio Pinto, vá subindo! Esta casa é sua! (*a outro*) Ó seu capitão Juca Teixeira! Entre! (*entram ambos depois de trocar cerimônias à porta*) Ó siá dona Mafalda! Seu major Carneiro! Façam o favor! (*a música da banda vem*

agora mais perto) Ó seu tenente Guedes! Dona Constança! (*entram*) Xi! Agora, sim! Agora vem muito povo! (*chamando*) Dona Bertolesa!... Meninas!... Venham!... (*a família vem para a janela e bem assim algumas visitas. Outras vêm à porta da rua. As janelas das outras casas abrem-se de gente*) Vou fazer o meu discurso, que é o mesmo do ano passado. (*ouvem-se foguetes. Entra Frazão à frente da banda, que toca acompanhada por todos os personagens do quadro e considerável massa de povo. A cena deve ficar cheia. Quadro animado*)

FRAZÃO
Viva o coronel Pantaleão!

TODOS
Viva! (*mutação*)

Quadro 6

(*Sala de aparência modesta completamente vazia. Porta ao fundo e laterais.*)

Cena I

DONA RITA, LAUDELINA

Dona Rita
(*entrando da esquerda acompanhada de Laudelina*)
Deixa-me! deixa-me! quero estar só!

Laudelina
Mas por que está zangada comigo?

Dona Rita
Se não fosses tu, não passaríamos por tantas vergonhas! Não sei como sair desta maldita cidade!... *A passagem do mar Amarelo*, em vez de salvar a situação, agravou ela!... Mas que peça!... que peça bem pregada!...

Laudelina
Não conseguiu ser representada na segunda noite.

Dona Rita
Pois se nem na primeira acabou! Que pateada!...

Laudelina
Parecia vir o mundo abaixo!

Dona Rita
Mas que borracheira! Bem diz o ditado: "Se não houvesse mau gosto, não se gastava o amarelo!" E amarelo é desespero! Estou desesperada!

Laudelina
E eu.

Dona Rita
Tu? Tu tens o que mereces! Os amigos do Frazão não respondem às cartas nem aos telegramas. A renda dos espetáculos não chegou para pagar o que temos comido. O público não quer saber de teatro. O coronel Pantaleão nos garantiu nesta casa até o dia dezoito... mas o dia dezoito é hoje... A tal dona Gertrudes, a dona da casa, já me preveniu...

Laudelina
Como se, na situação em que nos achamos, precisássemos de folhinha. A senhora que lhe disse?

Dona Rita
Que se entendesse com o Frazão. Mas o Frazão não pode fazer milagres! Pois se nem ao menos pagou os vinte e cinco mil réis que ficou a dever ao mestre da banda! E o italiano não nos deixa a porta! (*imitando Carrapatini*) *Vinte e xinque mila ré! vinte e xinque mila ré!*

Laudelina
O que mais me aborrece é o tal coronel não querer pagar a nossa ida para o Rio de Janeiro!

DONA RITA

Ele anda se enfeitando para ti, e eu estou vendo o momento em que seu Eduardo faz alguma!... É o diabo, é o diabo! Estou desesperada! Deixa-me! Quero estar só! Vou meter-me no meu quarto e trancar-me por dentro!... (*sai furiosa pela esquerda*)

LAUDELINA

Dindinha! Dindinha!... (*acompanha-a até à porta, mas dona Rita fecha-se por dentro*)

Cena II

LAUDELINA, *depois* EDUARDO

LAUDELINA
(*só, voltando à cena*)
Ela tem razão. A culpada sou eu. Pensava que a coisa era uma... e a coisa é outra. Que seria de mim se dindinha e seu Eduardo não me houvessem acompanhado? A quantos perigos estaria exposta? Fui eu a culpada... logo, compete-me salvar a situação... e é o que vou fazer... Só há um meio, um meio que me repugna, mas não tenho outro... é embelezar esse ridículo coronel, até que ele se explique... Mas com que olhos seu Eduardo verá o meu procedimento?... que juízo fará de mim?...

Eduardo
(*entrando do fundo*)
Bom dia.

Laudelina
Bom dia. Já tão cedo na rua?

Eduardo
Fui ver se tinha carta no correio. Escrevi ao Trancoso, aquele vinagre da rua do Sacramento, o tal que recebeu os meus ordenados... mas o miserável fez ouvidos de mercador!

Laudelina
Também o senhor deve estar desesperado...

Eduardo
A tudo me resignaria, se a senhora me dirigisse ao menos uma palavra de consolação... se correspondesse a esse afeto insensato... Mas, em vez disso, faz-me ter ciúmes... de quem?... desse pateta, desse coronel Pantaleão, homem velho e casado!

Laudelina
Os seus ciúmes, além de serem absurdos, são injuriosos!

Eduardo
Se são injuriosos, perdoe. Absurdos não podem ser. Não há ciúmes absurdos.

Laudelina
Pois não foi o senhor mesmo que me recomendou que agradasse ao coronel?

Eduardo
Sim, agradasse, mas não tanto...

Laudelina
Tanto... como?

Eduardo
Consentindo, por exemplo, que lhe pegue na mão, assim... (*pega-lhe na mão*) que a beije... (*vai beijar-lhe a mão*) assim...

Laudelina
(*retirando a mão*)
Alto lá! Ele nunca me beijou a mão! Pegou nela, isso pegou... e disse-me umas bobagens... mas se eu me zangasse não teríamos o que comer. Francamente: era preciso dar-lhe esperanças...

Eduardo
Essas esperanças são indignas da senhora! Se fosse a Margarida, eu não diria nada...

Laudelina
Olhe, seu Eduardo, vou confessar-lhe uma coisa pela primeira vez: eu gosto do senhor.

Eduardo
Ah! repita! diga que me ama!...

Laudelina
Não! eu não disse que o amava; disse que gostava do senhor... O verbo amar só se emprega no teatro e no romance... Eu gosto do senhor; vem a dar na mesma.

Eduardo
Gosta de mim!

Laudelina
Gosto. Agora, diga: é pelo seu dinheiro?

Eduardo
Não. Estou sem vintém...

Laudelina
É pela sua posição na sociedade?

Eduardo
Também não.

Laudelina
É pelo seu espírito? pelo seu talento? (*Eduardo não responde*) Também não. É pela sua beleza?

Eduardo
Não há homens bonitos.

Laudelina

Na opinião dos feios. Pois bem; no entanto eu gosto do senhor. Gosto porque gosto, e hei de ser sua mulher...

Eduardo

Que felicidade!...

Laudelina

Espere. Hei de ser sua mulher, mas sob uma condição...

Eduardo

Qual?

Laudelina

Enquanto estivermos no mambembe... enquanto durar esta excursão, faça de conta que não tem direito algum sobre mim, nem me peça conta dos meus atos, porque a nossa vida aqui é toda anormal e fictícia. Só me considere sua noiva quando chegarmos ao Rio de Janeiro.

Eduardo

De Maxambomba para lá?

Laudelina

De Belém mesmo, se quiser... ou da Barra do Piraí. Até lá, prometo... juro não praticar ato algum que me torne indigna de ser sua esposa.

Eduardo
Oh! Laudelina!...

Dueto

Eduardo
Depois do que te ouvi, anjo querido,
Pode a sorte fazer de mim o que
                [quiser,
Contanto que algum dia eu seja teu
                [marido,
E tu minha mulher!

Laudelina
Sim, mas se acaso me fizer cenas,
E se ciúmes tolos tiver,
Não terei pena das suas penas,
Não serei nunca sua mulher!

(*ambos*)
Laudelina
Não terei pena das suas penas,
Não serei nunca sua mulher!

Eduardo
Não terá pena das minhas penas,
Não será nunca minha mulher!

Eduardo
Prometo que farei o que meu bem
                [quiser!

LAUDELINA
Não creio nessas
Vagas promessas.

EDUARDO
Que mais quer de mim?
Quer que eu jure?

LAUDELINA
      Sim!

I

LAUDELINA
Jura que só chegando ao Rio
Se lembrará que é o meu futuro?

EDUARDO
Juro!

LAUDELINA
Não me lançar olhar sombrio
Quando agradar alguém procuro?

EDUARDO
Juro!

LAUDELINA
Não lhe passar pela cabeça
Que o meu amor não seja puro?

EDUARDO
Juro!

LAUDELINA
Ciúmes não ter quando aconteça
Eu com alguém ficar no escuro?

EDUARDO
Ju... Perdão! Isso não juro!

LAUDELINA
Se não jura, eu lhe asseguro:
Não serei sua mulher!

EDUARDO
Juro, juro, juro, juro!
Juro tudo que quiser!

(*ambos*)
> EDUARDO
> Juro, juro, juro, juro!
> Juro tudo que quiser!
>
> LAUDELINA
> Jura, jura, jura, jura,
> Jura tudo que eu quiser!

II

LAUDELINA
Jura deixar que pra viagem
Eu tente ao menos achar furo?

Eduardo
Juro!

Laudelina
Não se zangar co'uma bobagem
Que por necessidade aturo?

Eduardo
Juro!

Laudelina
Jura deixar que ponha tonto
Um coronel tolo e maduro?

Eduardo
Juro!

Laudelina
E mesmo lhe apanhar um conto,
Seja isso embora muito duro?

Eduardo
Ju... Perdão! Isso não juro!

Laudelina
Se não jura, etc. (*como acima*)

Laudelina
Bom! eu precisava desses juramentos... porque vou, talvez, parecer o que não sou... Ao contrário não sairemos de Tocos!...

A VOZ DE DONA RITA
Laudelina!

LAUDELINA
Lá está dindinha a chamar-me! Ela disse trancar-se no quarto, mas não pode passar meia hora sem me ver. Descanse: estou bem guardada. (*sai pela esquerda*)

Cena III

EDUARDO, *depois* BONIFÁCIO

EDUARDO
(*só*)
Parece-me que fiz juramentos que não devia ter feito. Mas que poderei recear? Laudelina é honesta... Se não o fosse, que necessidade teria de dizer que gosta de mim e há de ser minha mulher?

BONIFÁCIO
(*da porta*)
Dá licença, *nhô*?

EDUARDO
Entre. Que deseja?

BONIFÁCIO
(*entrando e apertando a mão de Eduardo*)
Não cortando seu *bão prepósito*: é aqui que é a casa de *siá* dona Gertrude?

EDUARDO
Sim, senhor.

BONIFÁCIO
Vancê é empregado da casa?

EDUARDO
Não, senhor. (*à parte*) Quem será este animal?

BONIFÁCIO
Vancê tá assistino aqui?

EDUARDO
Está o quê?

BONIFÁCIO
Pregunto se *vancê tá assistino* aqui... sim, se é *ospe* dela?

EDUARDO
Hospedela? Sou.

BONIFÁCIO
Num vê que eu queria *falá* co'ela *pro morde* a *cumpanhia* de *treato qui tá qui*... ou com seu Frazão...

EDUARDO
(*à parte*)
É o credor dos carros! (*alto*) Bom; espere aí que vou chamar o senhor Frazão.

BONIFÁCIO
Homessa! Então dona *Gertrude* é seu Frazão?

EDUARDO
Não. Dona Gertrudes é a dona da casa em que está hospedada a companhia. Com quem o senhor quer falar: com dona Gertrudes ou com o senhor Frazão?

BONIFÁCIO
Com quem é que *vancê qué* que eu fale?

EDUARDO
Sei lá! com quem você quiser!

BONIFÁCIO
Então *vancê* chame seu Frazão. Tenho um *negoço* co'ele. (*Eduardo sai*)

Cena IV

BONIFÁCIO, *só*

BONIFÁCIO
Tô co'as perna qui não posso, e aqui não tem uma cadeira pra gente *descansá*! Seis *légua* no

pangaré em quatro *hora* é da gente se *matá*! E *oiem* que eu fui *tropero*! Já gramei aquela serra de Santo *co* meu trote de burro, um bandão de *veis*. Era uma vidinha de cachorro que se passava, *mais* assim às *veis*, dá um *poco* de *sodade*. A gente tomava o seu cafezinho de *priminhã* bem cedo, arreava *as* mula e tocava *inté n'otro poso*. Quando eu via as *bruaca tudo alinhada*, as *mula tudo* amarrado na estaca, *mar* comparando (*gesto*), *tá* e *quá* o jeito de *vancêis, oie* era bonito *memo*. A madrinha era uma mula *turdia* ferrada dos quatro *péis qu'era* um *gambelo* de gorda. Quando ela ia na frente (*imita chocalho*) gue... leim... gue... leim... eu *atrais co* meu tupa, pendurado no ombro, era só: E *baju! Tá cumeno* capim da *cangaia, djau!...* (*assobia*) *Orta* mula!... De repente alguma mula desguaritava nalguma *incruziada qu'era* um inferno: "*Nhô* Bonifácio, cerque essa *mardiçoada!*" E eu *se* galopeava *atrais* da tinhosa, *pracatá, pracatá*! que nem um inferno! De uma feita a mulinha pangaré que levava o cargueiro *tropicô* num toco, *cortô* a retranca, *esparramô* a carga da *cangaia* e *abriu-se* pro campo afora, *veiaquiano*, dando coice de céu *in* terra! *Home*, dessa feita perdi a cabeça, passei mão na *guerrucha* e tin... (*imita tiro*) *Sortei* um panázio nela, *que'ela* viu o diabo *escangaiado*. (*outro tom*) Homessa! Mas o *tar nhô* Frazão não virá? (*mesmo tom que acima*) E *ota* bestinha boa que era ela! Eu queria bem ela que nem *qui* fosse minha irmã!

Cena V

BONIFÁCIO, FRAZÃO

FRAZÃO
(*da direita*)
Como passou, seu?...

BONIFÁCIO
Beimecê.

FRAZÃO
Olhe que por enquanto não é possível. Não fizemos nada.

BONIFÁCIO
Ahn?

FRAZÃO
Não é possível!

BONIFÁCIO
Como não é *possive*?

FRAZÃO
Tenha paciência. Não posso agora pagar os seus carros.

BONIFÁCIO
Não *fais má*. *Nhô* Chico Inácio paga.

FRAZÃO
Nhô Chico Inácio paga?!

BONIFÁCIO
Ele me deu *orde*, conforme a sua resposta, de *tratá* e *pagá*.

FRAZÃO
Então foi *nhô* Chico Inácio quem fez a gentileza?...

BONIFÁCIO
(*sem entender*)
Quem *feis* o quê?

FRAZÃO
A gentileza?

BONIFÁCIO
Não sei se ele *feis* isso... o que eu sei é que ele paga.

FRAZÃO
Paga? Belíssimo! Esplêndido! Estou livre dos carros! Olhe, diga a *nhô* Chico Inácio que escreva um drama.

BONIFÁCIO
Ele escreveu, sim, *sinhô*.

FRAZÃO
Escreveu? Então que o mande! Eu represento!

BONIFÁCIO
O que ele escreveu foi esta carta. (*dá-lhe uma carta*)

FRAZÃO
Ah! temos uma carta?

BONIFÁCIO
Vancê leia! (*Frazão vai abrir a carta e é interrompido por Vilares, que entra da direita*)

Cena VI

Os mesmos, VILARES, *depois* PANTALEÃO

VILARES
(*a Frazão, em mangas de camisa, com um leque de doze cartas na mão*)
Ó filho, vê se nos livras daquele italiano!

FRAZÃO
Que italiano?

VILARES
O tal Carrapatini, o mestre da banda. Está nos amolando! Não nos deixa jogar o solo! Entrou

pelos fundos da casa e quer porque quer os seus vinte e cinco mil réis! Cara banda!

####### Frazão
De cara à banda estou eu, que não tenho com que pagar.

####### Vilares
Conversa com ele.

####### Frazão
Mas conversar como, se estou na disga! (*a Bonifácio*) Você sabe o que é disga?

####### Bonifácio
Não *sinhô*.

####### Frazão
Homem feliz. (*a Vilares*) Dize ao Carrapatini que venha ter comigo! Esse italiano, por causa dos vinte e cinco mil réis, é capaz de arranjar uma questão de protocolo!

####### Vilares
Cá o terás. (*sai pela direita*)

####### Bonifácio
Vancê leia a carta!

FRAZÃO

É agora! (*vai abrir a carta e suspende-se vendo o coronel, que entra*) Oh! O coronel! (*guardando a carta*) Leio depois. (*a Bonifácio*) Vá esperar a resposta sentado na porta da rua.

BONIFÁCIO

Antão inté logo. (*aperta a mão ao coronel e a Frazão, e sai*)

Cena VII

FRAZÃO, PANTALEÃO

PANTALEÃO

Ora muito bom dia, caríssimo artista!...

FRAZÃO

Cumprimento o ilustre autor de *Passagem do mar Amarelo*.

PANTALEÃO

Não me fale nisso. (*procura onde se possa sentar*)

FRAZÃO

Por que não? (*à parte*) É preciso engrossar essa besta! (*alto*) Um drama que só não foi aplaudido como devia ser por causa dos inimigos do autor! Que procura vossa senhoria?

PANTALEÃO
Uma cadeira.

FRAZÃO
Não há. Dona Gertrudes tinha muito poucas, e distribuiu-as pelos quartos dos artistas; mas quer... (*menção de sair*)

PANTALEÃO
(*detendo-o*)
Não, não se incomode! Estou bem de pé. Acha, então, que o meu drama?...

FRAZÃO
Foram os sequazes do major Eufrásio que sufocaram os aplausos. Maldita politicagem! Mas deixe estar, coronel! Vou representar o seu drama no Rio de Janeiro, no meu teatro e no Teatro São Pedro de Alcântara! Vai ver o sucesso! É peça para centenário! O que é preciso é pô-la em cena a valer! Forneça-me vossa senhoria os recursos necessários... nós partimos para o Rio amanhã ou depois...

PANTALEÃO
Não! Já estou desenganado! Desisto de ser dramaturgo! Vou queimar a *Passagem do mar Amarelo*!

FRAZÃO
Queimá-lo? Não pode! Não pode! Aquele trabalho não lhe pertence!

PANTALEÃO

Como?

FRAZÃO

Pertence à literatura brasileira! Faz parte do patrimônio nacional! Não deve ser representado só em Tocos!

PANTALEÃO

Representado é coisa que nunca foi. A representação dura duas noites, e ainda não conseguiu ir até ao fim da primeira!

FRAZÃO

Por causa de quem? Do major Eufrásio!

Cena VIII

Os mesmos, CARRAPATINI

CARRAPATINI

Buon giorno... signor colonello... buon giorno, signor Frazone.

FRAZÃO

Senhor Carrapato, *buon giorno!*

CARRAPATINI

Signor Frazone, sono qui per ricever vinte e xinque mila ré della manifestazione ao colonello.

Pantaleão
(*à parte*)
Da manifestação? Então não foi o Irineu?

Frazão
Senhor Carrapatini, neste momento não posso satisfazer esse importante débito.

Carrapatini
Ma per Dio! Vengo qui tutti i dia, tutti i dia, e lei dixe sempre hogi, manhana, hogi, manhana.

Pantaleão
(*baixo, a Frazão*)
Diga-me cá: foi o senhor que pagou a música?

Frazão
Que paguei é um modo de dizer... que devia pagar... Paguei apenas metade.

Pantaleão
Nesse caso, a festa foi sua?

Frazão
Eu não queria dizer, mas este Carrapato me obriga a confessar que sim.

Carrapatini
Carrapatini.

Pantaleão
E eu que não lhe agradeci! O capitão Irineu tinha-me dado a entender que o promotor da manifestação foi ele, mas deixa estar que há de ser vereador quando eu for bispo! (*baixo, a Carrapatini*) Quanto lhe deve o senhor Frazão?

Carrapatini
Há tratato la banda per xinquenta... há dato vinte e xinque, manca ancora vinte e xinque...

Pantaleão
Eu também estou lhe devendo o conserto deste par de botinas. Quanto é mesmo?

Carrapatini
Xinque mila ré. E uno remonte.

Pantaleão
(*pagando*)
Bom. Tome lá trinta mil réis e deixe-nos em paz.

Carrapatini
Grazie tanta, Signor colonello!... Signor Frazone.

Frazão
Vai para o diabo, Carrapato!

CARRAPATINI
Carrapatini. (*sai pelo fundo*)

Cena IX

FRAZÃO, PANTALEÃO

FRAZÃO
Não sei como hei de pagar vossa senhoria...

PANTALEÃO
Não sabe como me há de pagar? Com dinheiro!

FRAZÃO
Não! Não é isso! (*à parte*) Que bruto! (*alto*) Não sei como lhe hei de pagar tanta generosidade! Ah, juro-lhe: o seu drama será representado no Rio de Janeiro!

PANTALEÃO
Muito obrigado. O meu drama tem-me custado muito dinheiro. Já chega, senhor Frazão, vim aqui de propósito avisá-lo de que de amanhã em diante não me responsabilizo mais pelas despesas que os senhores fizerem aqui em casa de dona Gertrudes.

FRAZÃO
Coronel, tente ainda mais uma cartada! Consinta que representemos o seu drama na Capital

Federal. Quando vossa senhoria vir o São Pedro repleto de espectadores, a plateia cheia de cavalheiros encasacados, os camarotes assim (*gesto*) de senhoras decotadas, com magníficas *toilettes*... a imprensa toda a postos... Quando acabar o primeiro ato: à cena o autor! À cena o autor!... E as pipocas!...

Pantaleão
Pipocas?

Frazão
Sim, as palmas!

Pantaleão
Essa linguagem teatral é incompreensível.

Frazão
E vossa senhoria em cena só assim... (*faz mesuras e abaixa-se como para apanhar alguma coisa*) agradecendo e apanhando as flores... E os jornais falando da peça quatro dias depois!

Pantaleão
Quatro dias?

Frazão
Sim, porque leva duas noites a ser representada. Só no quarto dia a crítica se pronunciará!

PANTALEÃO
(*entusiasmado*)
Parece-lhe então que...?

FRAZÃO
Se me parece? Tenho quase quarenta anos de tarimba! Não! Lá no Rio de Janeiro não há majores Eufrásios que sufoquem as aclamações populares! Lá ninguém fará politicagem à custa do seu drama! O triunfo é certo!

PANTALEÃO
(*radiante*)
Pois bem! Consinto!...

FRAZÃO
(*à parte*)
Apre! Custou!... (*limpa o suor*)

PANTALEÃO
Consinto que represente o drama.

FRAZÃO
Podemos então contar com vossa senhoria?

PANTALEÃO
Como contar?

FRAZÃO
Sim... contar com as despesas da nossa ida para o Rio?

PANTALEÃO
Com as despesas podem contar... (*Frazão alegra-se*) mas não comigo: não dou vintém!

FRAZÃO
Como?

PANTALEÃO
Não dou vintém! (*Laudelina aparece à esquerda. Toma o fundo da cena e aos poucos desce à direita ouvindo o diálogo*)

FRAZÃO
Ora bolas! Então como quer vossa senhoria que saiamos daqui?

PANTALEÃO
Sei lá! Não tenho nada com isso!

FRAZÃO
Não me empresta, ao menos, o dinheiro preciso para mover a companhia?

PANTALEÃO
.Não senhor... dou-lhe a peça, os cenários, as vestimentas, e dispenso os direitos de autor. Não faço pouco!...

FRAZÃO
(*desesperado*)
Oh, terra desgraçada! Oh, tocos do diabo, que eu não conhecia! Quem mandou aqui vir?...

Uma peste de cidade em que nem ao menos se pode passar um benefício! (*vendo Laudelina e indo a ela, baixo*) Oh, filha! Só tu nos podes salvar! Deixa-te de luxos e arranca daquele bruto o dinheiro das passagens! (*sai pela direita*)

Cena X

PANTALEÃO, LAUDELINA, *depois* EDUARDO

Terceto

LAUDELINA
Meu caro coronel...

PANTALEÃO
É ela! é ela!...
'Stá cada vez mais bela!

LAUDELINA
Meu caro coronel...

PANTALEÃO
Coronel, não!
Chama-me antes Leão,
Diminutivo de Pantaleão!

LAUDELINA
Meu caro Leãozinho.

PANTALEÃO
Leãozinho!
Que meiguice! que carinho!...
(*toma-lhe a mão. Eduardo
aparece à esquerda*)

EDUARDO
(*à parte*)
Ela com ele! Oh! desgraçada!
(*quer avançar mas contém-se*)
Mas eu jurei que não faria nada!

LAUDELINA
Leãozinho, tenha pena,
Tenha pena do Frazão!
Uma soma tão pequena
Não recuse, coração!

PANTALEÃO
De você, meu bem, depende
Que eu socorra a esse ator.

LAUDELINA
Como assim?

PANTALEÃO
Você me entende...

LAUDELINA
Não entendo, não, senhor.

PANTALEÃO
Se você ficar macia,
Se você me quiser bem,
Vai-se embora a companhia
E eu com você vou também...

EDUARDO
(*à parte*)
Ele com ela! Oh! desgraçada!
(*como acima*)
Mas eu jurei que não faria nada!

LAUDELINA
Dê-lhe as passagens, coitado!
Dê-lhas! Quem pede sou eu...

PANTALEÃO
Como és linda!

EDUARDO
(*à parte*)
Estou danado!
Meu sangue todo ferveu!

PANTALEÃO
Menina, se na viagem
Pertinho de ti não vou,
Eu posso dar-lhe *Passagem*,
Mas as passagens não dou.

LAUDELINA
Leãozinho, tenha pena,
Tenha pena do Frazão!
Uma soma tão pequena
Não recuse, coração!

PANTALEÃO
(*os três*)
Se você de mim tem pena,
Tenho pena do Frazão;
Mas, sê você me condena,
Eu pena não tenho não!

EDUARDO
(*à parte*)
Laudelina não tem pena
Desse amor, dessa paixão!
Não suporto aquela cena!
Espatifo o paspalhão!

PANTALEÃO
Então?... Que dizes?... Sê boazinha para mim!

LAUDELINA
Se dona Bertolesa o visse...

PANTALEÃO
Não me fales em minha mulher... Aquilo é uma fúria!... Vamos... sê boa, e serás feliz! Sou rico, muito rico!

LAUDELINA

Para mim não peço nada... mas para os meus companheiros, que se acham numa situação desesperadora.

PANTALEÃO

Os teus companheiros pouco me importam! Só tu me interessas! (*agarrando-a*) Olha, dá-me um beijo!... um beijinho!... um só!...

LAUDELINA

Largue-me!

PANTALEÃO

(*tentando beijá-la*)
Uma boquinha!... Uma beijoca!...

LAUDELINA

Eu grito!

PANTALEÃO

Não grites! Uma beijoca! (*quando vai a beijá-la, Eduardo corre para ele, separa-o dela, e dá-lhe um murro*) Que é isto?!

LAUDELINA

Seu Eduardo!... (*Pantaleão tira um apito do bolso e apita*)

EDUARDO
Ah! Tu apitas. (*atraca-se com ele e dá-lhe um trambolhão. Pantaleão, mesmo no chão, apita*)

Cena XI

Os mesmos, FRAZÃO, *os artistas, o* SUBDELEGADO, *dois soldados, pessoas do povo*

CORO
Que foi? que foi? que sucedeu?
Que aconteceu? que aconteceu?
Levou pancada e trambolhão
O coronel Pantaleão!
Ah! ah! ah! ah! ah! ah!
Pobre coronel Pantaleão!

LAUDELINA
Desculpar queira vossa senhoria
Um venerável da Maçonaria
Que é coronel da Guarda Nacional,
E presidente...

CORO
Perfeitamente.

LAUDELINA
Da Câmara (*repete três ou quatro vezes*)
Municipal!...

Coro
Da Câmara (*repete três ou quatro vezes*) Municipal!...

Os artistas
Mas que foi? que foi?...

Laudelina
Seu Eduardo bateu no coronel!

O Subdelegado
Prendam aquele indivíduo! (*os soldados prendem Eduardo. A Pantaleão, dando-lhe a mão para levantar-se*) Levante-se vossa senhoria.

Frazão
(*ao Subdelegado*)
Atenda, senhor... Quem é mesmo o senhor?

O Subdelegado
Eu sou o subdelegado! A nada atendo!...

Pantaleão
(*baixo, ao Subdelegado*)
Atenda, atenda, para evitar o escândalo!

O Subdelegado
Desculpe, coronel, já disse, a nada atendo! Há dois anos que sou subdelegado e ainda não consegui prender ninguém em flagrante... E hoje

foi por acaso... eu ia passando com a ronda... se passasse um pouco antes ou um pouco depois, teria perdido a ocasião! (*satisfeito*) Enfim! o meu primeiro flagrante!... Vou arrumar-lhe com o 303: ofender fisicamente alguém ou lhe causar alguma dor. (*a Pantaleão*) Doeu?

PANTALEÃO
Doeu.

O SUBDELEGADO
Doeu? Parágrafo segundo! (*aos soldados*) Sigam com o preso para o xadrez! Vamos, coronel, vossa senhoria é a vítima!

PANTALEÃO
(*baixo*)
Mas eu não quero ser vítima. E dona Bertolesa, se sabe... Já não dói mais.

O SUBDELEGADO
A nada atendo! Vai a corpo de delito. (*a Laudelina*) A senhora também vai.

LAUDELINA
Eu?

O SUBDELEGADO
É testemunha. Sigam! Sigam!

MARGARIDA
Vamos todos! Não podemos abandonar o colega!...

OS ARTISTAS
Decerto! Vamos! Vamos todos!... (*saem em confusão pelo fundo todos, menos Frazão*)

Cena XII

DONA RITA, FRAZÃO, *e depois o* CARREIRO

DONA RITA
(*entrando*)
Que foi isto?

FRAZÃO
A senhora não viu?

DONA RITA
Estava dormindo. Acordei agora.

FRAZÃO
O Eduardo foi preso, por ter enchido o coronel Pantaleão!

DONA RITA
Eu já esperava por isso! E o senhor não o acompanhou?

FRAZÃO
Não! Mas lá foi toda a companhia.

DONA RITA
Mas o senhor... como empresário...

FRAZÃO
Por isso mesmo. Aquilo é negócio de fiança e, como empresário, eu faria uma figura muito ridícula, não tendo com que pagá-la.

CARREIRO
(*entrando*)
Louvado Suscristo! *Vancê* dá licença?

DONA RITA
Olhe, aí está o Carreiro que nos trouxe do Tinguá.

CARREIRO
É verdade.

FRAZÃO
Como vai, seu?...

CARREIRO
Como Deus é servido. Eu vim por *morde* aquilo...?

FRAZÃO
(*sem entender*)
Morde quê?

CARREIRO
Vancê não disse que passando três *dia* da nossa chegada eu *vinhesse arrecebê* os *duzento* da condução?

FRAZÃO
E *nhô* Chico Inácio?

CARREIRO
Eu achei *mió vortá* pro Tinguá, e como tinha de *i* c'os meus *carro* pra *levá* quem *quisé i* na Festa do Divino, que vai *havê* no Pito Aceso...

FRAZÃO
Onde é esse Pito Aceso?

CARREIRO
É uma cidade que tem seis *légua* daqui. A gente sobe a serra da Mantiqueira, depois desce um tico...

FRAZÃO
Vai haver lá uma festa?

CARREIRO
Um festão! Vai um mundo de povo *desta* vinte *légua* em *redó*!

FRAZÃO
(*a dona Rita baixo*)
Se nós lá fôssemos?

DONA RITA
(*idem*)
Eu não digo nada!

FRAZÃO
(*idem*)
Este homem já recebeu do tal Chico Inácio os duzentos que lhe devíamos. Temos com certeza crédito para essa nova viagem.

DONA RITA
(*idem*)
O diabo é seu Eduardo preso...

FRAZÃO
(*idem*)
Dão-se lá uns espetáculos e manda-se o dinheiro para a fiança. (*ao Carreiro*) Você quer nos levar para o Pito Aceso?

CARREIRO
Sim *sinhô*.

FRAZÃO
(*a dona Rita*)
Não dizia? (*ao Carreiro*) E quanto quer por esse serviço?

CARREIRO
Outro *duzento*...

FRAZÃO
Pois está fechado nas mesmas condições.

CARREIRO
(*desconfiado*)
Como nas *mesma condição*?

FRAZÃO
Você recebe o dinheiro três dias depois da chegada.

CARREIRO
Mas esses três *dia quanto dia* demora?

DONA RITA
Ora essa!...

CARREIRO
Sim, porque a *viage* do Tinguá, que *vancê* tinha de *pagá*, já *passa* mais de vinte e eu ainda não *arrecebi*!

FRAZÃO
Então não falou com *nhô* Chico Inácio?

CARREIRO
Que *nhô* Chico Inácio?

FRAZÃO
Ora! *Nhô* Chico Inácio. Não conhece?

CARREIRO

Não!

FRAZÃO

Nem eu; mas o seu companheiro disse que ele pagava!

CARREIRO

Meu companheiro!...

FRAZÃO

Sim, que por sinal me deu esta carta que ainda não li. Olhe! Ele aqui está! (*aponta para Bonifácio, que aparece ao fundo*)

Cena XIII

Os mesmos, BONIFÁCIO

CARREIRO

Este é que é o *tar* de Chico Inácio?

FRAZÃO

Não; este é o que supus seu companheiro, mas vejo que não é. (*a Bonifácio*) Então, que embrulhada é esta? *Nhô* Chico Inácio não pagou os carros de boi?

BONIFÁCIO

Não pagou, mas paga.

CARREIRO
Sei lá quem é *nhô* Chico Inácio!

BONIFÁCIO
É meu patrão! O chefe do Pito Aceso!

CARREIRO
Seja lá o que ele *fô*, mas o que eu quero é os *meu duzento mi* réis.

FRAZÃO
Que trapalhada!

BONIFÁCIO
Quem *tá* fazendo *trapaiada* é *vancê*. *Vancê* já leu a carta?

FRAZÃO
Ah! é verdade! Estou com a cabeça a juros!... (*abre a carta e lê*) "Senhor Frazão. O portador é o meu empregado Bonifácio Arruda, que vai, em meu nome, propor a vinda de sua companhia para dar aqui três espetáculos. Como vossa senhoria sabe, há agora aqui uma festa do Espírito Santo, e eu sou o Imperador. O dito Bonifácio leva ordem para adiantar dinheiro para a viagem. De vossa senhoria, etc. ... Francisco Inácio." (*declamando*) Não há a menor dúvida! Vamos! (*a dona Rita*) Não é?

DONA RITA
Isso não se pergunta!

FRAZÃO
(*ao Carreiro*)
Você tem aí os carros e os animais?

CARREIRO
Tenho, mas não levo *vancê* sem *arrecebê* meu dinheiro!

BONIFÁCIO
(*ao Carreiro*)
Ó *home*, *vancê* pensa que *tou* enganando *vancê*? Dinheiro *tá qui*! (*mostra um maço de notas*)

FRAZÃO
(*tomando o braço de dona Rita
para não desmaiar*)
Dinheiro!

DONA RITA
Dinheiro!

FRAZÃO
Comecemos por pagar a fiança do Eduardo!...

Cena XIV

Os mesmos, Laudelina, Eduardo, *os artistas*

Laudelina
(*entrando*)
Não tem que pagar nada!

Eduardo
Estou solto!...

Todos
Está solto!

Frazão
Solto! Mas como?

Laudelina
Ameacei o coronel Pantaleão de ir à sua casa dizer a dona Bertolesa que tudo foi por ele ter-me querido dar um beijo. Tanto bastou para que se abafasse a questão.

Frazão
Tudo foi, não por isso, mas por ter eu conservado uma carta na algibeira sem a ler. Meus senhores, vamos ao Pito Aceso dar três espetáculos!

Todos
Pito Aceso? Onde é?...

Frazão
Daqui a seis léguas. Fomos contratados. Este homem trouxe-nos dinheiro para a condução!

Todos
Dinheiro! Dinheiro!... (*dançam*)

Frazão
Tratem de se preparar! Vamos! Vamos! Saiamos quanto antes destes malditos Tocos!...

Todos
Vamos! Vamos!... (*saem todos*)

Frazão
(*ao Carreiro*)
Vá buscar os carros e os animais.

Carreiro
Sim, *sinhô*! (*sai*)

Frazão
(*a Bonifácio*)
E você arranje uns carregadores para as bagagens.

Bonifácio
Sim, *sinhô*! (*sai*)

FRAZÃO
(*só*)

E dizer que, quando eu chegar ao Rio de Janeiro para descansar de tantas consumições e fadigas, a primeira coisa em que hei de pensar é na organização de outro mambembe!...

Cena XV

FRAZÃO, PANTALEÃO

PANTALEÃO

Meu caro artista, estou inquieto... Se dona Laudelina cumpre a sua ameaça, e vai dizer à minha mulher que eu... O senhor não conhece a dona Bertolesa! É uma fúria!...

FRAZÃO

Tranquilize-se: nós vamos todos daqui a pouco para o Pito Aceso. Só o tempo de preparar as malas. Antes disso, vossa senhoria será pago dos vinte e cinco mil réis que lhe devo. (*sai à esquerda*)

PANTALEÃO
(*só*)

Querem ver que os homens foram contratados para dar espetáculos no Pito Aceso? Não é outra coisa! É a época da famosa festa do Espírito

Santo, em que se reúnem mais de dez mil pessoas. E o meu drama pode ser representado lá... Sim... aqui não pode ser, mas lá... O sucesso! o aplauso! as pipocas! À cena o autor!... à cena o autor!... (*agradece e faz menção de apanhar flores*) E depois, a Laudelina lá... Dona Bertolesa aqui... Está decidido! Vou ao Pito Aceso!... (*sai pelo fundo. Mutação*)

Quadro 7

(*Na Mantiqueira, em pleno sol. Os artistas formam grupos nos carros de bois. Frazão monta um burro. Todos admiram a paisagem.*)

Cena I

LAUDELINA, FRAZÃO

LAUDELINA
(*do alto de um carro*)
Como o Brasil é belo! Nada lhe falta!...

FRAZÃO
Só lhe falta um teatro...

[(*Cai o pano.*)]

ATO TERCEIRO

Quadro 8

(*Uma praça no arraial. Ao fundo, à esquerda, capela e, ao lado desta, ao fundo, à direita, um coreto onde se acha a banda de Carrapatini com este em evidência. Os três primeiros planos da esquerda são ocupados pelo barracão onde se improvisou o teatro. À porta desse barracão cartaz com o seguinte letreiro em caracteres graúdos: "Teatro, hoje! 2º Espetáculo da Grande Companhia Dramática Frazão, da Capital Federal. Representação da sublime peça em cinco atos* O poder do ouro, *do festejado escritor Eduardo Garrido. O papel de Joaquim Carpinteiro será representado pelo popularíssimo ator Frazão." À direita baixa, coreto do leilão, sendo leiloeiros Frazão e Margarida. A cena está cheia de povo. Há diversos jaburus, rodeados por jogadores. Aqui e ali veem-se pretas sentadas com tabuleiros de doces. Da capela saem de vez em quando devotos e devotas, anjos com cartuchos de doces, etc.)*

Cena I

F RAZÃO, M ARGARIDA *no coreto do leilão ou império*, C ARRAPATINI *e os músicos no coreto da música*, V ILARES, C OUTINHO, F LORÊNCIO, I SAURA, *foliões, povo, jogadores, vendedores de doces, depois* C HICO I NÁCIO *e a* M ADAMA

Coro Geral

Que bonita festa
Do Espírito Santo!
Tudo causa encanto!
Tudo faz viver!
Sim, ninguém contesta:
Não nos falta nada
Nesta patuscada
Que nos dá prazer!
(*Vendo Chico Inácio, que sai da capela,
    trazendo a Madama pela mão.*)
Sai da capela seu Chico Inácio,
Acompanhado pela Madama!
Provou seu Chico não ser pascácio:

A sua festa deixará fama. (*declamando*)
Viva o imperador Chico Inácio! Viva
[a Madama!
(*Chico Inácio e a Madama chegam ao
proscênio, agradecendo por gestos.*)

Coplas

I

CHICO INÁCIO
Estou muito satisfeito!

MADAMA
Considero-me feliz!

CHICO INÁCIO
Imperador estou feito!

MADAMA
Estou feita Imperatriz!
Em plena democracia...

CHICO INÁCIO
Tem ali o seu sabor...

MADAMA
Ser imperatriz um dia!

CHICO INÁCIO
Ser um dia imperador!

AMBOS
Que toda a gente
Cumprimente
Este casal imperial
Que tem um trono refulgente
Do Pito Aceso no arraial!

CORO
Que toda a gente, etc.

II

MADAMA
O imperador do Divino
Ninguém poderá dizer
Que tenha o mesmo destino
Do imperador a valer...

CHICO INÁCIO
Mais parece o presidente.
Porque o presidente sai...
E pro lugar inda quente
Outro presidente vai!

AMBOS
Que toda a gente
Cumprimente, etc.

CORO
Que toda a gente, etc.

FRAZÃO
(*no império, apregoando*)
Agora, a última prenda, meus senhores!

MARGARIDA
(*idem*)
Um frango assado!

FRAZÃO
Quanto dão por este perfumado frango? Quanto? Tenho um cruzado...

VILARES
Dois cruzados!

FRAZÃO
(*idem*)
Dois cruzados! Dois...

MARGARIDA
(*idem*)
Quem mais lança?

FRAZÃO
(*vendo que ninguém mais lança*)
Dou-lhe uma. Dou-lhe duas. Dou-lhe três...
É seu o frango.

VOZES DO POVO
Venha um verso!

FRAZÃO
(*enquanto Vilares recebe o frango e paga*)
Todo sujeito casado
Deve ter um pau no canto
Para benzer a mulher
Quando estiver de quebranto.

TODOS
(*rindo*)
Bravo! Bravo!

MARGARIDA
(*a Carrapatini*)
Toca a música, seu Carrapatini!

CARRAPATINI
(*a Margarida*)
No bisogna prevenire! Já lo sapeva... (*a música toca um pequeno motivo. Frazão e Margarida descem do coreto, onde imediatamente começam a armar o império*)

CHICO INÁCIO
Ó minha senhora! Meu caro Frazão! Não sei como agradecer-lhes o terem aceitado os lugares de leiloeiros do Divino.

FRAZÃO
Não tem que agradecer, seu Chico Inácio. A companhia Frazão é que está penhorada pela

maneira por que foi recebida pelo chefe político do Pito Aceso.

CHICO INÁCIO
A companhia Frazão mostrou-se na altura dos seus créditos. O primeiro espetáculo, anteontem, foi um sucesso sem precedentes. O segundo anuncia-se para hoje com outro sucesso igualmente sem precedentes.

MADAMA
Estou satisfeita porque fui eu que tive a ideia de mandar contratar a companhia.

ATORES
(*que ouviram, aproximando-se da Madama*)
Ah! Foi a Madama?

MADAMA
(*cumprimentando-os, muito satisfeita*)
Fui eu.

CHICO INÁCIO
Foi ela. Aqui para nós, que ninguém nos ouve: (*chama-os por gestos para um segredo*) A Madama é uma antiga colega dos senhores.

ATORES
Uma antiga colega?!

Chico Inácio
É verdade! Em 1879, quando eu fui ao Rio de Janeiro pela última vez, vi Madama representar numa companhia francesa que trabalhava no Cassino Franco-Brésilien.

Margarida
Onde era isso?

Frazão
(*a Margarida*)
Onde é hoje o Santana. Tu ainda não eras gente.

Chico Inácio
Representava-se *Les Brigands*.

Madama
(*cantando*)
C'est Fiorella la blonde, etc.

Chico Inácio
É isso... Ela fazia uma das pequenas que se deixam roubar pelos salteadores. Uma noite, depois do espetáculo, eu fiz como Falsacapa: apoderei-me dela; fomos cear no Bragança...

Madama
E nunca mais entrei no teatro.

Margarida
(*dando um pequeno tapa na pança de Chico*)
Gostou? hein?

Chico Inácio
Gostei. Gostei tanto que a trouxe comigo para o Pito Aceso e dois anos depois estávamos ligados pelos indissolúveis laços do himeneu. Entretanto, impus uma condição...

Madama
E eu aceitei-a *avec plaisir*.

Chico Inácio
Se algum dia me aparecer minha filha... Uma filhinha que eu... justamente em 1879... mas isso são particularidades que não os interessa. (*outro tom*) Já veem que é uma antiga colega...

Frazão
(*a Madama*)
Filha, dá cá um abraço. (*abraça-a*) Tiveste a fortuna de encontrar o teu Pato... (*emendando*) quero dizer, o teu Pito.

Madama
Aceso.

Frazão
Isso é uma coisa de que nem todos se podem gabar.

Margarida
É muito difícil encontrar um Pito, mesmo apagado.

Madama
O que eu sinto é que não estejam bem acomodados.

Vilares
Não diga isso. Deram-nos os melhores quartos da casa.

Florêncio
E a casa é um casão.

Coutinho
Mais gente houvesse que ainda chegava.

Isaura
Ainda não moramos num hotel que tivesse tantas comodidades.

Coutinho
Nem tão barato!

Um jogador
Jaburu! Olha o joguinho do caipira! Quem mais bota mais tira!

CHICO INÁCIO
(*a Bonifácio, que está no jaburu*)
Oh! Bonifácio!

BONIFÁCIO
(*vindo*)
Às *ordes*.

CHICO INÁCIO
Esse cateretê ficou pronto?

FRAZÃO
Olá! Temos cateretê?

BONIFÁCIO
É uma festinha que a gente *fumo fazê* em casa da Rosinha da Ponte. Eu inda *tou* vestido de *arfere* da bandeira. A coisa *ficô* bem ensaiada. *Si mecêis qué* uma nota, eu chamo os *folião*.

TODOS
Sim... queremos... chame...

BONIFÁCIO
(*chamando*)
Eh! Ó Manduca! Entra aqui no cateretê prestes, *home vê*! Ó Tudinha! (*chama. Entra Tudinha*) Ó Totó! *Bamo co* isso! Ó Chiquinha! Ó Zeca! *Nhô* Tedo! *Nhô* Tico! *Nhá* Mariana! *Venha tudo*! (*as pessoas chamadas aproximam-se e formam*

uma roda. Bonifácio, ao ver formada a roda) Ó mundo aberto sem *portera*!

Cateretê

BONIFÁCIO

I

Vancê me chamou de feio;
Eu não sou tão feio assim.
Foi depois que *vancê* veio
Que *pegô* feio *ne* mim.

FOLIÕES
Neste mato tem um passarinho, ai,
Passarinho chamado andorinha, ai,
Andorinha *avoou* agorinha, ai,
Deixou os *ovo* chocando no ninho.

CORO GERAL
Neste mato tem um passarinho, ai, etc.

BONIFÁCIO

II

Não quero mais *namorá*
A filha do barrigudo.
Não quero que o povo diga
Que eu tenho cara pra tudo.

Os foliões
Neste mato, etc.

Coro geral
Neste mato, etc.

Bonifácio
Pronto. *Taí*.

Todos
(*aplaudem*)
Bravo! Bravo! (*os foliões dispersam-se à vontade*)

Chico Inácio
Bem, os senhores hão de me dar licença. Tenho que me vestir de Imperador para sair no bando.

Frazão
O senhor vestido de Imperador? Pois não é um menino?

Chico Inácio
Não. A moda daqui é à antiga. Sou eu mesmo que vou vestido.

Margarida
(*olhando para dentro*)
Olhem quem ali vem. O coronel Pantaleão.

FRAZÃO
O coronel Pantaleão?

TODOS
Sim. É ele! É ele!

ISAURA
(à parte)
Veio atrás da Laudelina. Dá Deus nozes...

Cena II

Os mesmos e coronel PANTALEÃO

(*Entra o coronel Pantaleão montado num burro e desce ao proscênio. Os circunstantes aglomeram-se em semicírculo.*)

Coro

É ele! é ele! é o genuíno!
É o coronel Pantaleão,
Quem vem à festa do Divino
Por ser de sua devoção!

Rondó

PANTALEÃO
(*montado no burro*)
Eu, por chapadas e atoleiros,
Aqui vim ter, e dez cargueiros

Com os acessórios, vestuários,
E maquinismos e cenários
Do meu encaiporado drama,
Que uma desforra enfim reclama,
Porque, por infelicidade,
Não passou nunca da metade.
Um meio autor eu sou apenas!
Para aplacar as minhas penas,
Eu por chapadas e atoleiros,
Aqui vim ter com dez cargueiros!

CORO
Com dez cargueiros! dez cargueiros!...
É ele, é ele! o genuíno!
É o coronel Pantaleão,
Quem vem à festa do Divino
Por ser de sua devoção!

CHICO INÁCIO
Ó meu caro coronel Pantaleão Praxedes Gomes! Apeie-se.

PANTALEÃO
(*apeando-se*)
Seu Chico Inácio! Madama! Meus senhores!

CHICO INÁCIO
O senhor por aqui. Grande honra.

PANTALEÃO
Vim ver a sua festa. (*a Frazão*) Preciso falar-lhe.

FRAZÃO
Recebeu os vinte e cinco mil réis?

PANTALEÃO
Recebi. Não se trata disso.

CHICO INÁCIO
(*a Bonifácio*)
Ó Bonifácio! Recolhe o burro do coronel.

PANTALEÃO
(*voltando-se*)
Como?

CHICO INÁCIO
Estou mandando recolher o seu animal, porque sei que o amigo vai para nossa casa.

BONIFÁCIO
(*saindo com o burro*)
Bamo, patrício. (*sai*)

MADAMA
Para onde havia de ir?

PANTALEÃO
Mas é que vieram comigo mais dez cargueiros que estão ali do outro lado da ponte. São os cenários do meu drama.

Atores
Quê! Pois trouxe?

Pantaleão
Não quero perder a vasa.

Chico Inácio
Providencia-se já! (*a um do povo*) Eustáquio! Vá doutro lado da ponte e diga ao arrieiro que descarregue os cargueiros na Casa da Câmara. Se a chave não estiver na porta, está em casa da Chiquinha Varre-Saia. (*o homem do povo sai correndo*)

Pantaleão
É muita amabilidade.

Chico Inácio
Vamos até a casa, seu coronel.

Madama
Vou mostrar-lhe o seu quarto.

Chico Inácio
Eu tenho que me vestir de Imperador. (*aos artistas*) Até logo.

Pantaleão
(*saindo, a Frazão*)
Preciso falar-lhe. (*sai com Chico Inácio e Madama*)

Cena III

Frazão, Vilares, Margarida, Florêncio,
Isaura, Coutinho, *depois* Vieira

Frazão
Pois não se meteu em cabeça esse idiota de fazer montar aqui a tal bagaceira...

Isaura
O que ele quer montar sei eu...

Vilares
Livra! Não venha ele trazer-nos a caipora. Por enquanto vamos tão bem!

Margarida
É verdade! Fomos de uma felicidade inaudita.

Florêncio
Há muito tempo que não víamos tanta gente no teatro.

Vilares
Nem tanto dinheiro!

Coutinho
E que entusiasmo!

Frazão
Teatro é um modo de dizer. Olhem para aquela fachada. (*aponta o barracão*)

Vilares
E o palco?

Frazão
Não subo nele sem recear a todo o momento que as barricas venham abaixo.

Margarida
E a repetição do primeiro ato?

Frazão
É verdade! Fomos obrigados a repetir todo o primeiro ato, porque Chico Inácio só apareceu depois de cair o pano.

Vilares
Não foi por gosto dele...

Frazão
Não foi por gosto dele, mas o povo todo começou a gritar: Repita, repita o ato que seu Chico Inácio não viu, e não houve outro remédio senão repetir. Confesso que é a primeira vez que me acontece uma dessas. (*entra Vieira*)

VIEIRA
(*entrando fúnebre como sempre*)
Venho do correio. Nem uma carta da família... Como é dolorosa essa ausência... Em compensação mandei-lhes cem mil réis...

VILARES
E eu cinquenta para o Monteiro.

FRAZÃO
Coragem, Vieira. Em breve estaremos no nosso Rio de Janeiro.

VIEIRA
Mas até lá!...

MARGARIDA
Até lá é esperar. Descansa, que não haverá novidade em tua casa.

VIEIRA
(*a Frazão*)
Você já viu o cemitério daqui?

FRAZÃO
Não.

VIEIRA
Uma coisinha à toa: ali atrás da igreja. Nem parece cemitério.

Frazão
Esta noite depois do espetáculo, se Deus não mandar o contrário, vou fazer uma fezinha...

Artistas
(*interessados*)
Onde? Onde?

Frazão
Cá, em certo lugar. Já fui convidado por um *alabama*, mas não consinto que vocês joguem! Jogarei por todos!

Vilares
Por falar nisso, se fôssemos para casa cair num sete e meio até a hora do jantar?

Margarida
Bem lembrado!

Todos
Valeu! Valeu. Vamos. (*saem*)

Vieira
Vou sempre dar um giro até o tal cemitério. (*sai*)

Cena IV

Laudelina, dona Rita e Eduardo,
saindo da igreja

Dona Rita
(*contemplando o Vieira, que não os vê*)
Pobre homem! Mire-se naquele espelho, Laudelina. Como o teatro é mentiroso! (*Vieira sai*)

Laudelina
Mentiroso, mas cheio de surpresas e sensações. Anteontem estávamos desanimadas, tendo perdido quase a esperança de poder voltar à nossa casa e ainda agora, ajoelhadas e de mãos postas, naquela igreja, agradecemos a Deus a reviravolta que houve na nossa situação. Para isso bastou um espetáculo...

Dona Rita
E que felicidade a de termos encontrado essa gente que nos hospedou. Que francesa amável!

Laudelina
E o senhor Chico Inácio? Que homem simpático!

Dona Rita
Não nos esqueçamos de que estamos convidadas para comer canjica com eles depois do espetáculo.

Eduardo
O diabo é ter eu que decorar esse papel para depois de amanhã. Que lembrança do Frazão em fazer representar um dramalhão de capa e espada, quando há tanta peça moderna.

Laudelina
Console-se comigo, que fui obrigada a estudar o papel de Dona Urraca.

Dona Rita
E eu o de Dona Branca... uma ingênua!... Eu a fazer ingênuas!! Nesta idade e com este corpanzil...

Eduardo
A necessidade tem cara de herege... A peça exige quatro ingênuas... Quatro irmãs. (*ouve-se a música de Carrapatini vir se aproximando*)

Laudelina
Lá vem a banda do Carrapatini.

Eduardo
Naturalmente vem tocar outra vez no coreto.

Dona Rita
Não. Foi buscar o Chico Inácio para assistir ao sorteio do Imperador do ano que vem.

VOZES
(*dentro*)
Viva o Imperador Chico Inácio! Viva!...

Cena V

Os mesmos, CHICO INÁCIO, MADAMA,
CARRAPATINI, *dois mordomos,
um Anjo, irmãos do Espírito Santo,
músicos, povo* [*e* RODOPIANO]

(*Soltam foguetes, repicam os sinos,
A irmandade do Espírito Santo sai da igreja e
vai receber Chico Inácio, que entra com toda a
solenidade dando a mão à Madama. Chico
Inácio, que vem vestido de casaca de veludo
verde, manto escarlate, calção, meias de seda,
sapatos afivelados, com coroa e cetro, tendo ao
peito refulgente emblema do Espírito Santo,
vem debaixo de um pálio cujas varas são
encarnadas. Dois mordomos de casaca, chapéu
de pasta, espadim e calção, suspendem-lhe o
manto. Seguem-lhe Carrapatini à frente da
música, soldados em linha e povo. Dão todos
uma volta pela praça. Chico Inácio, a Madama
e o Anjo sobem para o palanque, que foi
transformado em império, depois que o leilão
terminou. Cessa a música.*)

CHICO INÁCIO
(*sentado no trono do lado da Madama*)
Meus senhores, atenção!

MADAMA
Attention! Attention!

CHICO INÁCIO
Agradeço aos bons moradores deste arraial a ajuda que me deram para eu levar até o fim a festa do Divino. Ao vigário dos Tocos de vir fazer a festa. Ao seu Frazão o ter trazido a sua companhia dramática. Ao senhor Carrapatini, a sua banda.

CARRAPATINI
Grazie tanti.

CHICO INÁCIO
Agora vai-se fazer o sorteio do Imperador do ano que vem. Neste chapéu... (*procurando*) Quedê o chapéu?

ANJO
(*dando*)
Tá aqui.

CHICO INÁCIO
(*tomando o chapéu*)
Neste chapéu estão os nomes das pessoas mais no caso de serem festeiras. (*ao Anjo*) Tire

um papel, Bibi. (*o Anjo tira. Abre e lê*) Rodopiano Nhonhô de Pau a Pique.

MADAMA
O meu palpite!

RODOPIANO
Eu! o festeiro? Vou para casa esperar a bandeira! (*sai correndo*)

CHICO INÁCIO
(*erguendo-se*)
Vamos entregar a bandeira. Toque a banda. Viva o Imperador Pau a Pique!

TODOS
Viva! Viva! (*forma-se a marcha. Toca a música e saem todos a dar vivas. Mutação*)

Quadro 9

(*Varanda em casa de Chico Inácio. Ao fundo, pátio iluminado por um luar intenso que clareia a cena. À direita, passagem para o interior da casa. À esquerda, primeiro plano, porta para o quarto de Pantaleão. No segundo plano, uma passagem que vai ter aos aposentos de Chico Inácio.*)

Cena I

Pantaleão, *só*

Pantaleão
(*saindo do seu quarto em mangas de camisa*)
Que maçada! Estou às escuras! Acabou-se o toco de vela que havia no meu castiçal, e não tenho outro. Não sei a quem pedir luz... Não quero chamar: seria um abuso. Aqui está claro, graças ao luar, mas lá no quarto está escuro que nem um prego... Ainda se tivesse vidraças, mas as folhas das janelas são de pau... Gastei toda a vela porque estive a escrever esta carta... É uma carta para Laudelina... Francamente: eu não vim cá por causa dela... vim por causa do meu drama... mas ontem quando a vi no "Poder do ouro" toda a minha paixão despertou: era um leão que dormia dentro de um Pantaleão! É impossível que ela não se dobre aos argumentos (*faz sinal de dinheiro*) que encontrará aqui... O poder do ouro! A festa não me sairá barata, mas é um capricho, e mais vale um gosto que quatro vinténs. Espero que desta vez ela não se faça de manto de seda, e ceda. Se não cedeu em Tocos, foi por causa do tal galã empata-vasas. Estava cai não cai quando ele surgiu e fez todo aquele escândalo. Laudelina ficou e mais a velha conversando com a família do Chico Inácio, que as convidou para comer canjica. Ah! Elas aí vêm.

Por que meios conseguirei fazer chegar esta carta às mãos da minha bela?

Cena II

O mesmo, Laudelina *e* dona Rita, *entrando pela direita alta*

Dona Rita
(*entrando*)
Decididamente são muito amáveis.

Laudelina
Não há dúvida. Procuram todos os meios de agradar.

Pantaleão
(*adiantando-se*)
Minhas senhoras.

Dona Rita
Ah! É o coronel? Que estava fazendo aqui?

Pantaleão
Saí do quarto para apreciar o luar desta varanda. Está admirável, não acham?

Laudelina
(*secamente*)
Esplêndido. (*deixa cair o lenço*)

Pantaleão
(*à parte*)
Uh! Que bela ocasião! (*apanha o lenço e restitui depois de meter nele a sua carta*)

Laudelina
Obrigada.

Pantaleão
(*baixinho, a Laudelina*)
Leva recheio! (*disfarçando*) Hum, hum! (*alto*) Boa noite, minhas senhoras.

Dona Rita
Boa noite, seu Coronel.

Pantaleão
(*à parte*)
É minha! (*entra no seu quarto*)

Dona Rita
Então, menina, vamos para o quarto. (*vendo que Laudelina fica imóvel, sem lhe responder*) Que tens? Estás assim a modo que apalermada!

Laudelina
Sim, dindinha, apalermada é o termo.

Dona Rita
Por quê?

LAUDELINA
Pois não é que esse velho sem-vergonha, que já devia estar bem ensinado, aproveitou o ensejo de me entregar o lenço para me entregar também uma carta?

DONA RITA
Uma carta?

LAUDELINA
Sim, aqui está. (*mostra a carta, que tira de dentro do lenço*)

DONA RITA
Que desaforo!

LAUDELINA
Vou dá-la a seu Eduardo. (*dá um passo para a direita*)

DONA RITA
(*detendo-a*)
Estás doida! Queres provocar novo escândalo?

LAUDELINA
Tem razão, mas que devo fazer?

DONA RITA
Restituir a carta a esse patife sem abrir ela. Dá cá; eu me encarrego disso.

LAUDELINA
Mas ele há de ficar impune? (*vendo entrar Frazão*) Ah! Cá está quem vai decidir.

Cena III

As mesmas e FRAZÃO

FRAZÃO
Que é isso? Ainda acordadas? É quase meia-noite.

DONA RITA
Estivemos com a família do Chico Inácio.

FRAZÃO
Eu fui fazer uma fezinha no *lasca*... Quem não arrisca não petisca... Entrei no jogo com um medo dos diabos... Vi os *turunas* cheios de pelegas de cem, de duzentos e quinhentos!... mas Deus é grande!... Quando peguei no baralho, comecei por dois *doublés* de cara... Não capei... dei a terceira sorte... Depois veio um sete de cabeça para baixo... o sete de cabeça para baixo não falha!

LAUDELINA
Não falhou?

Frazão
Qual falhou, qual nada! Oito sortes seguidas! Um chorrilho! Acabei dando lambujas fantásticas!... E justamente quando veio o azar foi que ninguém lhe pegou! Enfim... (*batendo na algibeira da calça*) foi como se o Madureira houvesse respondido três vezes ao meu telegrama! Agora sim, agora estamos garantidos contra a miséria.

Dona Rita
Bravo!

Laudelina
Também eu tenho que lhe contar uma coisa.

Frazão
Que é?

Laudelina
Quando entramos inda agora, estava aqui o coronel Pantaleão.

Frazão
Meus pêsames.

Laudelina
Sabe que fez ele? Apanhou este lenço, que por acaso deixei cair, e, ao entregar-me, meteu-me esta carta na mão.

Frazão
(tomando a carta)

Uma carta?

Dona Rita

Não acha o senhor que deve ser devolvida sem ser aberta?

Frazão

Era o que faltava! Vejamos primeiramente o que ela diz. (*abrindo resolutamente a carta*) O luar é magnífico, mas leio com dificuldade. (*dando a Laudelina uma caixa de fósforos*) Faça o favor de ir riscando fósforos enquanto leio. (*dona Rita, sem dizer nada, tira também uma caixa de fósforos e ambas, enquanto Frazão lê, vão riscando fósforos e alumiando uma de um lado e outra do outro. Lendo*) "Minha adorada Laudelina (*passando os olhos*) Hum... hum... hum... (*fala*) Tudo isto são bobagens. Ah! (*lendo*) Tenho aqui no meu quarto a quantia de dois contos de réis à tua disposição, sob a condição de vires buscá-la quando der meia-noite no relógio da capela. A essa hora todos estarão dormindo. Deste que te adora loucamente – Leãozinho." Que grande bandalho!

Dona Rita

Que devemos fazer?

FRAZÃO
Homessa! Não há duas opiniões a respeito: apanhar os dois contos de réis.

LAUDELINA
Quê! Pois o senhor acha que eu?...

FRAZÃO
A senhora? Quem falou aqui da senhora? Vão ambas para o quarto e durmam sossegadas. Eu encarrego-me de tudo. Era o que faltava... Esse dinheiro compensará os prejuízos que aquele tipo nos causou, pois foi, não há dúvida, o seu drama que em Tocos *escabriou* o público e desmoralizou a companhia...

LAUDELINA
Mas será uma extorsão!...

FRAZÃO
Pode ser, mas eu não quero um vintém para mim. Será tudo distribuído pelos artistas a título de receita eventual.

DONA RITA
Mas qual é o seu plano?

FRAZÃO
Depois saberão... Basta dizer-lhes que disto não lhes resultará mal algum. Só lhe peço uma coisa, Laudelina: empreste-me esse xale.

LAUDELINA
(*hesitando*)
Meu xale?

FRAZÃO
Sim, dê cá. (*toma-lho*) Bom, vão dormir com Deus. (*sai pela direita*)

DONA RITA
É dos diabos este Frazão!

LAUDELINA
Mas que irá ele fazer?

DONA RITA
Naturalmente mandar a Margarida, ou a Josefina, ou a Isaura, em teu lugar ao quarto do Leãozinho.

LAUDELINA
Isso não. Esse homem vai julgar que sou eu.

DONA RITA
Apenas à primeira vista, por causa do xale vermelho, mas depois...

LAUDELINA
Eu achava melhor acordar seu Eduardo.

DONA RITA
Qual seu Eduardo, qual nada! Seu Eduardo é um estabanado! Quer logo deitar o mundo abaixo! Deixa lá o Frazão: ele sabe como essas coisas se fazem e não será capaz de te comprometer. Vamos dormir.

LAUDELINA
Queira Deus! (*saem pela direita*)

Cena IV

CHICO INÁCIO, MADAMA e BONIFÁCIO

(*Entram os três cautelosamente em camisola de dormir. Bonifácio vem à frente trazendo um lampião.*)

Canto

OS TRÊS
Nós, sem primeiramente
A casa revistar,
Não vamos nos deitar.
Este costume, a gente
Não pode mais largar.
Pisando de mansinho
Pra não incomodar,
Cantinho por cantinho
Nós vamos revistar. (*saem*)

Cena V

Pantaleão, *depois* Frazão

Pantaleão
(*saindo do quarto*)
Eu podia ter pedido um toco de vela a dona Rita: não me lembrei. Decididamente fico no escuro. Ora, o amor mesmo às escuras tem graça... Talvez seja melhor assim: Laudelina não terá vergonha e portanto se entregará com mais facilidade. Mas como são as mulheres: aquela história do lenço não acudiria a um homem viajado! Ela percebeu que eu tinha uma carta engatilhada e deixou cair o lenço... Falta pouco! Que ansiedade! Que ansiedade!... (*volta para o quarto*)

Frazão
(*entrando da direita vestido de mulher e com a cabeça envolvida no xale de Laudelina*)
Arranjei um vestido da Josefina que me ficou ao pintar. Eu já fiz um papel em que havia uma situação parecida com esta. Mas era no teatro: não sei se na vida real a coisa se passará do mesmo modo. O que eu quero são os dois contos de réis na mão. (*dá meia-noite*) Meia-noite! Está na hora. (*vendo Pantaleão sair de um quarto*) Lá vem o Leãozinho.

PANTALEÃO
(*vendo Frazão, à parte*)
É ela! Eu não disse? Não há nada como o poder do ouro! (*baixo*) És tu, Laudelina?

FRAZÃO
(*baixo*)
Sim!

PANTALEÃO
(*aproximando-se*)
Como és boa! (*toma-lhe a mão. À parte*) Com que força me aperta a mão. Ai! Que delícia! Que mãozinha de cetim!

FRAZÃO
(*baixinho*)
Que é do dinheiro?

PANTALEÃO
(*idem*)
Está ali.

FRAZÃO
(*idem*)
Dê cá.

PANTALEÃO
Vou buscá-lo. (*à parte*) Quer adiantado! Fiem-se lá nestas ingênuas.

Frazão
Dê cá.

Pantaleão
Dar-to-ei logo que entres no meu quarto. Vamos, vamos, meu amor, porque aqui podemos ser surpreendidos. (*puxa Frazão para o quarto*)

Frazão
Não! Meu Deus! (*cobre o rosto com as mãos*)

Pantaleão
Deixa-te de luxos. Agora que deste o primeiro passo não podes recuar.

Frazão
Que vai pensar de mim?

Pantaleão
O mesmo que a outra perguntou a Pedro I. Vamos.

Frazão
Meu Deus! (*Pantaleão puxa-o. Entram ambos no quarto*)

Cena VI

Chico Inácio, Madama, Bonifácio,
depois Frazão

Canto

Os três
Nós, sem primeiramente, etc.

(*Terminado o canto, abre-se a porta do quarto
de Pantaleão e sai Frazão a correr,
derrubando na passagem Chico Inácio,
a Madama e Bonifácio, que gritam.*)

Cena VII

Chico Inácio, Bonifácio, Madama, *depois*
Pantaleão, *depois* dona Rita, Laudelina,
Eduardo, Vilares, Margarida, Isaura,
Florêncio, Coutinho, Vieira, *depois* Frazão

Chico Inácio *e* Bonifácio
(*no chão*)
Ai! Ai!

Madama
Au sécours!

Pantaleão
(*saindo do quarto a gritar*)
Pega ladrão! Pega ladrão! (*entram todos os
artistas, sobressaltados, em camisolões de dormir,
trazendo castiçais com velas acesas*)

Coro

Ai, quanta bulha, que alarido!
Que foi, que foi que se passou?
Foi o meu sono interrompido.
Pega ladrão! alguém gritou.

Pantaleão

Sim, eu gritei: pega ladrão!

Todos

É o coronel Pantaleão,
Pantaleão, Pantaleão.

Frazão

(*entrando também de camisola e castiçal*)
Que foi, meu caro amigo?

Pantaleão

Eu lhe digo... Eu lhe digo...
Um audaz ratoneiro, um bandido qualquer,
O meu quarto invadiu, disfarçado em
                                [mulher,
E dois contos de réis o ladrão me levou
E estendido no chão, a correr, me deixou!

Coro

Um audaz ratoneiro, um bandido qualquer,
O seu quarto invadiu, disfarçado em mulher,
E dois contos de réis o ladrão lhe levou
E estendido no chão, a correr, o deixou!

Laudelina
Sei o que foi, vou dizê-lo:
O coronel teve um sonho,
Ou antes um pesadelo,
Um pesadelo medonho.

Chico, Madama e Bonifácio
Eu tinha a casa revistado,
Ninguém aqui de fora entrou.

Eduardo
Se estava o quarto bem fechado,
Como o ladrão lá penetrou?

Margarida
Por que motivo, disfarçado,
O malfeitor no quarto entrou?

Frazão
Eu também estou capacitado
De que o Pantaleão sonhou.

Todos
Sei o que foi: basta vê-lo!
O coronel teve um sonho,
Ou antes um pesadelo,
Um pesadelo medonho.

Pantaleão
(consigo)
Sem os dois contos fico:
Não posso me explicar,

Porque se eu abro o bico,
Se toda a coisa explico,
Pancada hei de apanhar.
(*alto*) Foi, foi um sonho!

Coro

Sim, foi um sonho,
Um pesadelo medonho!

Pantaleão

Desculpem tê-los
Incomodado, senhores meus.
Boa noite, e que desses pesadelos
Os livre Deus
Boa noite!

Todos

Boa noite!

(*Todos, à exceção de Pantaleão,
se retiram lentamente cantando
o boa-noite.*)

Pantaleão
(*só*)

Sim, senhor, dois contos de réis! Caro me custou a lição! Ah! Laudelina, Laudelina! Vais obrigar-me a ir ao Rio de Janeiro! É lá que te quero apanhar! (*entra no quarto. Mutação*)

Quadro 10

(*A cena representa um teatrinho improvisado. Ao fundo, o palco, levantado sobre barricas. O pano está arriado: é uma colcha. O lugar da orquestra é separado da plateia por uma grade de pau, tosca. Toda a cena é tomada pela plateia, cheia de longos bancos longitudinais. À direita, a entrada do público. À esquerda, uma porta que dá para o quintal de Chico Inácio, e pela qual passam os artistas. O teatro não tem camarotes. Ao levantar o pano, Bonifácio tem acabado de varrer o teatro e está arrumando os bancos.*)

Cena I

Bonifácio, *depois* Chico Inácio, Madama, *depois um* Espectador

Bonifácio
(*só, arrumando os bancos*)
Tá tudo pronto. Agora só *farta acendê* as *irindela*. O drama de hoje parece que é *bão memo*! Seu Frazão faz de velho...

Chico Inácio
(*entrando com a Madama da esquerda baixa*)
Então o teatro ainda está às escuras?

Madama
Fora o gasista!

Bonifácio
Isto é um instantinho! (*começa a acender os candeeiros, que são de petróleo*)

Chico Inácio
As nossas cadeiras estão no lugar?... (*examinando a primeira fila, onde se acham duas cadeiras*) Estão.

Madama
Devíamos ter mandado pôr também uma cadeira para o coronel Pantaleão.

Chico Inácio
Ora, o coronel Pantaleão que vá para o diabo! Não lhe perdoo o ter-se engraçado... Então com quem?... Com a Laudelina, uma rapariga honesta, ajuizada...

Madama
Que simpatia você lhe tem!

Chico Inácio
Eu sou assim... quando simpatizo com alguém, simpatizo mesmo!

Madama
Eu que o diga! Lembras-te? (*apoia-se no ombro de Chico Inácio*)

CHICO INÁCIO
(*sorrindo*)

De quê?

MADAMA

De 1879?

CHICO INÁCIO

Olha o Bonifácio.

Coplas

MADAMA

I

Naquele belo, venturoso dia,
Em que te vi pela primeira vez,
Houve entre nós tamanha simpatia
Que outra maior não haverá talvez!
De outra mulher gostavas, mas, em suma,
Desde que tu me conheceste bem,
Tu nunca mais pensaste em mais nenhuma,
Tu nunca mais amaste a mais ninguém!

II

Correspondi ao teu bondoso afeto
Com toda a força do meu coração,
E à sombra amiga do teu doce teto
Achei sossego, achei consolação.

O meu passado é triste, mas perdoa,
Porque, ao ser tua, ao conhecer-te bem,
Eu nunca mais pensei noutra pessoa,
Eu nunca mais amei a mais ninguém!

CHICO INÁCIO
Pois sim, mas escusas de falar-me do passado... Também eu tenho culpas no cartório...

MADAMA
Bem sei... tua filha...

CHICO INÁCIO
Falemos de coisas mais alegres.

MADAMA
Avec plaisir.

ESPECTADOR
(*entrando*)
Parece que cheguei cedo.

CHICO INÁCIO
Que deseja?

ESPECTADOR
Vancê mi dá dous mi réis de teatro?

CHICO INÁCIO
A bilheteria é lá fora, mas é cedo para entrar. Agora é que se estão acendendo as luzes, não

vê? (*empurrando-o para fora*) Entre quando entrar a música. Nem o porteiro está no lugar?

Espectador
Então até logo, seu Chico Inácio. A sua festa tem estado de primeira!

Chico Inácio
É... tem estado de primeira, mas vá-se embora. (*espectador sai*)

Bonifácio
(*que tem acabado de acender as luzes*)
Pronto!

Frazão
(*caracterizado de velho, com cabeleira e barbas brancas, aparecendo por trás da colcha*)
Ó seu Bonifácio!

Bonifácio
Que é?

Frazão
Diga a seu Vilares, a seu Vieira e a dona Rita que são horas. Eles estão esperando, para passar, que a plateia fique cheia de espectadores?

Madama
Aí vêm eles!

FRAZÃO
Bom! (*desaparece*)

Cena II

Os mesmos, DONA RITA, VILARES, VIEIRA

(*Todos três vestidos a caráter.
Vieira traz o vestuário dos lacaios
do teatro clássico francês.*)

DONA RITA
(*da porta da esquerda*)
Ainda não está ninguém?

CHICO INÁCIO
Não. Pode passar.

DONA RITA
(*atravessando a cena a correr*)
Eu! eu a fazer ingênuas! (*desaparece ao fundo*)

VILARES
(*atravessando a cena*)
E eu ser obrigado a amar esta matrona! Isso só no Pito Aceso! (*desaparece ao fundo*)

BONIFÁCIO
(*vendo Vieira e rindo-se a perder*)
Ah! Ah! Ah!... Sim, senhor!... Isso é que é um diabo jocoso!...

VIEIRA
(*sempre muito triste*)
Felizmente é o último espetáculo... Vou em breve abraçar a família... (*atravessa a cena e desaparece ao fundo, como os demais*)

CHICO INÁCIO
Esse Vieira acaba suicidando-se!

MADAMA
Vamos para os nossos lugares?

CHICO INÁCIO
Espera. Temos tempo.

Cena III

CHICO INÁCIO, MADAMA, BONIFÁCIO, CARRAPATINI, *músicos*

CARRAPATINI
(*aos músicos*)
É molto cedo.

CHICO INÁCIO
Não é muito cedo, não.

CARRAPATINI
(*cumprimentando*)
Oh! *signor* Chico Inácio... Madama...

CHICO INÁCIO
Ó maestro, veja se hoje varia um pouco o repertório... Você tem nos impingido todas as noites as mesmas músicas!...

CARRAPATINI
Si... no há molta varietá!... ma no se puó dire que non sia un repertório de primo cartelo! Habiamo tutte le novitá musicali!

MADAMA
Pois sim! (*Carrapatini vai com os músicos para a orquestra e começa a afinar os instrumentos*)

CHICO INÁCIO
Vá para a porta, Bonifácio, e veja lá! Não deixe entrar ninguém sem bilhete!...

BONIFÁCIO
Povo *tudo* já *tá* esperando.

(*Vai para a porta. Desde esse momento em diante vão entrando espectadores, isolados, ou por família. Grande rumor. Cena muda. Aos poucos, o teatrinho enche-se completamente, e todos os lugares ficam ocupados. Pantaleão entra e vai, com Chico Inácio e Madama, tomar lugares na primeira fila. Durante esse tempo os músicos afinam os instrumentos, os espectadores conversam uns com os outros. Quadro animado, cujo resultado os autores confiam à inteligência do ensaiador. Os atores que não figuram mais na peça podem, caracterizados, fazer número entre os espectadores, para que a cena não fique entregue exclusivamente à comparsaria, da qual não é possível advir coisa com jeito. É preciso que todos concorram com a sua boa vontade para que esse quadro, de uma execução difícil, dê um resultado satisfatório.)*

Cena IV

CHICO INÁCIO, MADAMA, PANTALEÃO, BONIFÁCIO, CARRAPATINI, *músicos*, *espectadores*, FRAZÃO

FRAZÃO
(*deitando a cabeça fora do pano*)
Ó seu Chico Inácio?

ESPECTADORES
(*rindo*)
Ah! Ah! Ah! Bravos, o Frazão!...

CHICO INÁCIO
Que é?

Frazão

Não é nada. Apenas queria saber se o senhor estava aí, para não nos acontecer o mesmo que o outro dia, em que tivemos de repetir o primeiro ato. (*risada dos espectadores*) Ó Carrapato, vamos com isso!

Carrapatini

Carrapato, *non*: Carrapatini! (*nova risada dos espectadores. Frazão desaparece. A sala está de bom humor. A música toca uma peça a que o público dá pouca atenção. Continuam a entrar alguns espectadores retardatários. Bonifácio, à porta, de vez em quando tem uma pequena discussão. Afinal, cessa a música e restabelece-se o silêncio. Pausa. Ouve-se um apito. Depois outro. Sobe o pano*)

Cena V

Chico Inácio, Madama, Pantaleão, Bonifácio, *músicos, espectadores, na sala;* no palco, Vieira, *depois* Vilares

(*A cena do teatro representa uma praça. Vieira está em cena com uma carta na mão. Representa o baixo cômico de um modo muito exagerado.*)

VIEIRA

Coitado do meu amo, o senhor Lisardo!... Por causa desses amores o pobrezinho não dorme, não come, não bebe, não... hum... hum... hum... (*gargalhada do público*)

BONIFÁCIO
(*da porta*)

Ah! danado!...

VIEIRA

Está desesperado, coitadinho, e, quando ele está desesperado, quem paga sou eu, que logo me transforma em caixa de pontapés!... (*risadas do público*) Se ele me pagasse os salários com a mesma facilidade com que me dá pontapés, eu seria o mais feliz dos lacaios!... Ah, mas desta vez outro galo cantará, porque tenho aqui uma cartinha que lhe dirige a formosa Urraca! (*examinando se a carta está bem fechada*) Se eu pudesse ler antes dele... Os criados devem conhecer os segredos dos patrões...

BONIFÁCIO

Ah! ladrão!...

ALGUNS ESPECTADORES

Psiu! Psiu!...

VIEIRA

A carta está mal fechada... Que tentação!...

VILARES
(*que tem entrado sem ser pressentido, dando um grande pontapé em Vieira*)
Patife! (*grande risada do público*)

BONIFÁCIO
Bem feito!...

VIEIRA
(*sem olhar para trás*)
É ele, é o senhor Lisardo!... o meu posterior está tão familiarizado com aquele pé que não há meio de o confundir com outro!

VILARES
Oh! tratante! pois não te voltas? (*dá-lhe outro pontapé. Risadas*)

VIEIRA
(*sem se voltar*)
Outro! Este foi mais taludo que o primeiro! Pôs-me as tripas em revolução! (*risadas*)

VILARES
Se não te voltas, apanhas outro!

VIEIRA
(*voltando-se*)
Não vos incomodeis, senhor meu amo: bastam dois.

VILARES
Olha, se queres outro, não faças cerimônias... (*risadas*)

VIEIRA
Sei que sois muito liberal... sei que sois um mãos-largas... quero dizer um pés-largos, e não me despeço do favor, mas por ora falta-me o apetite! (*risadas*)

BONIFÁCIO
Apetite de pontapé! Que ladrão!...

VILARES
Anda! dá-me essa carta!...

VIEIRA
Aqui a tendes. É da formosa Urraca!

VILARES
Dela?! E fazias-me esperar, maldito! (*toma-lhe a carta das mãos. Lendo-a*) Que vejo! Urraca dá-me uma entrevista nesta praça!...

VIEIRA
Ela espera apenas que eu lhe faça um sinal.

VILARES
Falaste-lhe?

VIEIRA
Falei-lhe, sim senhor.

VILARES
Que te disse ela?

VIEIRA
(*imitando voz de mulher*)
"Tareco, meu Tarequinho, dize a teu amo que o amo, e que me espere na praça. Lá irei a um sinal teu!" (*risadas dos espectadores. Roda de palmas*)

VILARES
Então, faze-lhe o sinal.

VIEIRA
(*depois de fazer sinais para fora*)
Ela aí vem!

VILARES
Oh! suprema dita!... Retira-te, mas não vás para muito longe. (*Vieira sai, resguardando o assento para não levar outro pontapé. Risadas*)

BONIFÁCIO
Tá co medo do pé do patrão!

Cena VI

Os mesmos, DONA RITA, *depois* FRAZÃO, *depois* VIEIRA

DONA RITA
(*entrando, saltitante*)
Lisardo!

VILARES
Urraca! (*enlaça-a com dificuldade*)

DONA RITA
Oh! meu belo cavalheiro! Não calculas como tardava ao meu coração este momento ditoso! Sabeis? Meu pai quer meter-me no convento das Ursulinas...

VILARES
Que ouço!

BONIFÁCIO
Coitada!

DONA RITA
É absolutamente preciso que me rapteis hoje mesmo...

VILARES
À primeira pancada da meia-noite estarei debaixo da vossa janela com uma escada de seda

e dois fogosos corcéis que nos transportarão longe, bem longe daqui!

Dona Rita
Sim, meu belo cavalheiro! Até à meia-noite!... Sou vossa!...

Frazão
(*entrando*)
Maldição!... Maldição!... Filha desnaturada!...

Dona Rita
(*com um grito*)
Ah! (*foge, Frazão vai persegui-la. Vilares toma-lhe a passagem*)

Vilares
Senhor conde!...

Frazão
Deixa-me passar, vilão ruim!

Vilares
Não passareis!

Frazão
(*desembainhando a espada*)
Abrirei com a minha espada um caminho de sangue!

VILARES
(*desembainhando a espada*)
Encontrareis ferro contra ferro!... Em guarda!...

FRAZÃO
Encomenda a tua alma a Deus!... (*batem-se em duelo. O público aplaude com entusiasmo*)

VIEIRA
(*entrando*)
Meu amo bate-se? Devo salvá-lo! Vou empregar o seu processo!... (*dá um pontapé em Frazão, que se volta. Vilares foge*)

FRAZÃO
Quem foi o miserável? (*agarrando Vieira*) Vou matar-te como se mata um cão!...

VIEIRA
(*gritando*)
Desculpai!... Julguei que fosse meu primo!...

FRAZÃO
Infame! (*outro tom*) As barricas estão dando de si! O palco vai abaixo! (*cai o palco com Frazão e Vieira, que gritam. Todos os espectadores se levantam assustados. Grande confusão*)

CORO
O teatro foi abaixo!
Que terrível confusão!

Coitadinho do Vieira!
Pobrezinho do Frazão!
Apanharam ambos eles
Um tremendo trambolhão!
O teatro foi abaixo!
Que terrível confusão! (*mutação*)

Quadro 11

(*A mesma cena do Quadro 9, mas de dia.*)

Cena I

Pantaleão, *só*

Pantaleão
(*saindo do seu quarto*)
A companhia está se aprontando para partir... Também eu parto!... Vou a Tocos, ponho em ordem os meus negócios, e de lá sigo para o Rio de Janeiro. Não descansarei enquanto Laudelina não me pertencer! O que me está aborrecendo é o material da *Passagem do mar Amarelo*, que tem de voltar comigo para Tocos. Também que lembrança a minha! O meu drama poderia lá ser representado num teatro daqueles!... Um teatro que cai!...

Cena II

O mesmo, Laudelina, dona Rita, Eduardo
(*vêm todos três prontos para a viagem*),
depois Chico Inácio *e* Madama

Eduardo
Senhor coronel, estas senhoras e eu andávamos à procura.

Pantaleão
Ah! já sei, resolveram entrar em acordo comigo para a aquisição do material do meu drama.

Laudelina
Não, senhor! não é isso!

Eduardo
A companhia Frazão resolveu unanimemente restituir-lhe estes dois contos de réis, que lhe foram subtraídos por brincadeira... (*dá-lhe o dinheiro*)

Pantaleão
(*contente*)
Ah! foi brincadeira?

Dona Rita
Nós três fomos incumbidos de lhe fazer esta restituição.

Pantaleão
Muito obrigado. Já lhes tinha chorado por alma. (*entram Chico Inácio e a Madama, também prontos para sair. Ele de botas e rebenque, ela de amazona*)

Chico Inácio
(*entrando*)
Estão prontos? Tomaram todos café?

Dona Rita
Com bolo de milho.

Chico Inácio
Vou acompanhá-los até fora da povoação. A Madama também vai.

Madama
Avec plaisir.

Chico Inácio
Dona Laudelina, creia sinceramente que deixa aqui um verdadeiro amigo. Vou dar à sua madrinha este cartão com o meu nome, para que em qualquer circunstância da vida não se esqueçam de mim. Recorram ao Chico Inácio como se o fizessem a um parente rico.

Dona Rita
(*que toma o cartão, lendo-o com um grito*)
Que é isto?!...

Todos
Que é?

Dona Rita
O senhor chama-se Ubatatá?

Chico Inácio
Francisco Inácio Ubatatá. Mas que tem isso?

Dona Rita
Dar-se-á caso que... O senhor esteve no Rio de Janeiro em 1879?

Madama
Esteve. Foi quando me conheceu.

Dona Rita
E quando conheceu a Florentina Gaioso... Lembra-se?...

Chico Inácio
A Florentina Gaioso... sim!... pois a senhora sabe?...

Dona Rita
Sei tudo!

Chico Inácio
Onde está ela?

Dona Rita
No céu!

Madama
(*à parte*)
Tant mieux!

Chico Inácio
E... minha filha? Que fim levou minha filha?

Dona Rita
Que fim levou? (*solenemente, a Laudelina*) Laudelina, abrace seu pai!...

Todos
Seu pai!...

Chico Inácio
Ela!...

Laudelina
Meu pai!...

Dona Rita
Sim, esta é a filha da pobre Florentina, que morreu nos meus braços, abandonada pelo Ubatatá!

Chico Inácio
(*dramático*)
Oh! Cale-se!...

DONA RITA
Agradeça-me! fui eu que a eduquei.

CHICO INÁCIO
Minha filha! (*abraçando Laudelina*) Havia não sei o quê que me dizia ao coração que eu era teu pai!

PANTALEÃO
A voz do sangue!

CHICO INÁCIO
Desta vez não sairás da minha companhia... A Madama consente...

MADAMA
Avec plaisir.

CHICO INÁCIO
Foi mesmo uma condição do nosso casamento.

LAUDELINA
Perdão, meu pai, mas eu sou noiva de seu Eduardo... (*vai tomar Eduardo pela mão*)

CHICO INÁCIO
De um ator...

Eduardo
Perdão, não sou ator: sou empregado no comércio do Rio de Janeiro. Estou com licença dos patrões.

Chico Inácio
Pois peça uma prorrogação da licença, porque desejo que o casamento se realize aqui. Mandarei vir os papéis.

Cena III

Os mesmos, Frazão

Frazão
(*entrando, preparado para a viagem*)
Os nossos companheiros estão todos na praça à nossa espera. Vamos!

Laudelina
Sabe, senhor Frazão? Encontrei meu pai. (*apontando para Chico Inácio*) É ele!...

Eduardo
Ele!

Dona Rita
Ele!

MADAMA
Ele!

PANTALEÃO
Ele!

CHICO INÁCIO
Eu!

FRAZÃO
O senhor é que era o Ubatatá?

CHICO INÁCIO
Era e sou!

FRAZÃO
Pois, senhores, para alguma coisa serviu tê-la trazido no mambembe.

PANTALEÃO
(*à parte*)
Perdi-lhe as esperanças...

LAUDELINA
(*triste*)
Mas devo deixar o teatro...

FRAZÃO
Não te entristeças por isso, filha: o nosso teatro, no estado em que presentemente se acha, não deve seduzir ninguém. Espera pelo Municipal.

TODOS
Quando?

FRAZÃO
O edifício já temos… Ei-lo!… Falta o resto… (*aponta para o fundo. Mutação*)

Quadro 12

O futuro Teatro Municipal

FIM

[(*Cai o pano.*)]

ANEXO

Crônicas de Artur Azevedo sobre as primeiras encenações de *O mambembe*, realizadas em dezembro de 1904.

Jornal *A Notícia*, 1º/12/1904
O Teatro

Conto que este folhetim seja publicado antes da 1ª representação do *Mambembe*, burleta em 3 atos e 12 quadros, escrita por mim de sociedade com José Piza, acolhida com muito favor pelo atual empresário do Apolo, Sr. José Francisco de Mesquita, que prometeu pô-la em cena do melhor modo possível, e cumpriu, penso eu, a sua promessa.

Há muito tempo me preocupava a ideia de escrever esta burleta: o *Mambembe* é um traço dos nossos costumes, que nunca foi explorado nem no teatro, nem no romance, nem na pintura, e no entanto me parecia dos mais característicos e dos mais pitorescos.

Para os leitores pouco versados em coisas de teatro, direi que *mambembe* é o nome que dão a essas companhias dramáticas nômades, que, organizadas sabe Deus como, e levando um repertório eclético, percorrem as cidades, vilas, povoações e arraiais dos nossos Estados, dando espetáculos onde haja ou onde possam improvisar um teatro. O *mambembe* é velho como o teatro: começou com Téspis, e teve o seu poeta no grotesco Scarron, quando escreveu esse livro imortal que se chama o *Romance cômico*.

Pareceu-me que as alegrias e as amarguras, os triunfos e as contrariedades de um grupo de artistas errantes, de mistura com alguns dos nossos tipos da roça e da cidade, dariam uma peça pelo menos tão interessante como a *Capital Federal*, que teve a honra de ser aplaudida no estrangeiro.

Desejoso de que José Piza, autor de alguns trabalhos teatrais que revelam muita habilidade como observação de costumes, fosse apresentado definitivamente ao público do Rio de Janeiro (e o mesmo desejo alimento em relação a Batista Coelho), convidei-o para escrever comigo esta burleta, e devo dizer que encontrei nele o auxiliar com que contava. Espero que a plateia lhe faça justiça.

Não me recordo se a primeira ideia do *Mambembe* me foi sugerida pelo meu amigo Brandão, o popular artista; o caso é que durante seis anos ele me incitou constantemente a esse trabalho, que não existiria decerto se não fora a sua insistência. O próprio Brandão, sob o nome de

Frazão, ficou sendo a principal figura da peça, o peão em volta do qual se movem todos os outros personagens. Estou certo de que ele encontrará nesse personagem o melhor ensejo de mostrar as suas grandes qualidades de artista cômico e toda a exuberância da sua verve incomparável. Frazão é ele; ele é Frazão.

Os outros personagens estão bem defendidos pelos artistas da companhia Mesquita. Balbina tem um papel escrito expressamente para ela, um desses papéis que o autor confia ao artista sem lhe fazer a menor observação; Peixoto foi também perfeitamente aquinhoado; Machado divide-se em três tipos inteiramente diversos um do outro, e dos quais tirará, espero, o melhor partido.

O tenor Rentini terá também ocasião de brilhar, e bem assim Marques, Leite, Campos, Castro, Leitão, João de Deus, Cesana, Maria Lino, etc.

Os autores da peça de bom grado aceitaram Cecília Porto para o principal papel feminino: é uma atriz brasileira, inteligente, simpática, despretensiosa e dócil aos bons conselhos; espero que o público a animará com seus aplausos.

Assis Pacheco escreveu para o *Mambembe* uma partitura ligeira e alegre, digna do seu talento já tantas vezes provado.

Adolfo Faria, que ensaiou a peça, pôs toda a sua experiência ao serviço da encenação, que era difícil.

Os cenógrafos – Marroig, Crispim, Timóteo –, segundo estou informado, saíram-se airosamente, sendo para notar que é a cenografia um dos principais elementos com que a empresa deve contar.

Outro artista que se tem deveras empenhado para o bom êxito do *Mambembe* é Augusto Coutinho, o maquinista do Apolo, grande plantador de cenários (deixem passar o galicismo) e manobrador de tramoias.

Recompensará o público tantos esforços?

A. A.

Jornal *A Notícia*, 8/12/1904
O Teatro

A burleta o *Mambembe*, que escrevi de colaboração com José Piza, foi ontem bem acolhida pelo público, no Apolo; pelo menos os espectadores riram e aplaudiram, e o empresário me declarou que estava satisfeito.

O ser coautor da nova peça não me inibe de dizer que o desempenho dos papéis esteve na altura da excelente companhia daquele teatro; um crítico exigente repararia, talvez, que nalgumas cenas a representação foi um tanto arrastada, mas espero que esse inconveniente desapareça de hoje em diante.

Releva dizer que o *Mambembe* foi ensaiado e encenado em muito pouco tempo: um mês, pouco mais ou menos, e durante esse mês ensaiaram-se dois quadros novos do *Badalo*, e fizeram-se reprises do *Pé de cabra* e do *Esfolado*.

Não admiram, pois, certas hesitações que, repito, hão de desaparecer.

Brandão, para quem a peça foi escrita, correspondeu com muito boa vontade aos desejos dos autores, e caracterizou com graça e talento o seu personagem.

O mesmo pode-se dizer de Balbina Maia, uma das poucas atrizes que ainda nos restam: o seu trabalho foi de uma igualdade e de uma consciência que me entusiasmaram; aquela "Dona Rita" veio acrescentar à sua enorme galeria de tipos cômicos. Note-se que nem um momento Balbina imprimiu ao seu personagem uma feição caricata.

Peixoto e Machado apostaram-se em fazer rir a plateia, e qualquer deles o conseguiu sem recorrer às cócegas da "bexigada", e Leite deu a melhor conta do recado no papel de um caipira que marcará, talvez, uma época na sua vida artística.

Não é Rentini um ator completo, o que não quer dizer que o não seja desde o momento em que se resolva deveras a sê-lo; canta, porém, com tanta suavidade e tem tão bonita voz, que as suas qualidades de tenor suprem os seus defeitos de ator, e fazem-no ser aplaudido com entusiasmo.

Senti que Blanche Grau deixasse o Apolo: há no 3º. ato um personagem que foi inventado para ela, e que não existiria se não fosse a sua presença naquele teatro. Desculpem-me este pequeno desabafo: os autores dão sempre o cavaco quando lhes escapa qualquer artista com quem contavam numa peça nova, e aquele papel tem certa importância, embora figure apenas numa terça parte da burleta. Felizmente a graciosa Vitorina Cezana substituiu gentilmente e dignamente a sua colega. Eu apenas lhe pediria, se a tanto me atrevesse, que trocasse por uma *toilette* mais simples o seu vestido de seda, que destoa tanto naquele quadro da roça.

Maria Lino, com seu sorriso encantador, Maria Layrot, Campos, Pedro Augusto, Leitão (um soberbo Carrapatini, maestro e sapateiro), Brandão Sobrinho, Linhares, Teixeira, Rosalvo (não sei se me escapa algum) fizeram o possível para que a burleta alcançasse o êxito que pelos modos alcançou.

Propositalmente deixei para o fim Cecília Porto, que no desempenho do principal papel feminino confirmou plenamente as esperanças que manifestei no meu folhetim passado. Neta e filha de artistas, ela não degenerou os seus. O que lhe tem faltado até hoje é a atenção que os nossos empresários nunca lhe dispensaram. É moça, inteligente, simpática, tem voz como qualquer estrela de opereta, e está destinada a fazer boa figura no palco, sobretudo se corrigir certos defeitos de pronúncia, aliás muito corrigíveis. O público fez-lhe ontem uma espécie de consagração.

Assis Pacheco, que por estes dias parte para o Norte, e a quem deixo aqui o meu adeus saudoso, escreveu, com incrível rapidez, uma das suas melhores partituras do gênero ligeiro; desde o prelúdio, que é um mimo, até o último número, a música foi ouvida com simpatia e prazer, e o público parecia satisfeito por se ver desta vez aliviado do maxixe e da intervenção dos chocalhos na orquestra.

Assis Pacheco teve a satisfação de ouvir todos os números perfeitamente executados sob a hábil direção do jovem professor Amabile.

Marroig, Crispim do Amaral, Afonso Silva, Timóteo da Costa e Emílio pintaram magníficos cenários para o *Mambembe*. Não destacarei aqui o nome deste ou daquele, para envolver a todos nos mesmos aplausos. Ontem, o público, diante do trabalho desses artistas brasileiros, não sentiu falta de Carrancini ou Coliva. Já é uma conquista.

Ainda um aperto de mão a Augusto Coutinho, o engenhoso maquinista do Apolo, a quem renovo as expressões que lhe dirigi no folhetim passado.

A todos, e ao meu velho camarada Adolfo Faria, que ensaiou o *Mambembe* com tanto carinho, e ao empresário Mesquita, outro amigo dos bons tempos, envio, no meu nome e em nome de José Piza, os nossos agradecimentos cordiais e sinceros.

A. A.

Jornal *A Notícia*, 16/12/1904
O Teatro

José Piza e eu confessamo-nos gratos à imprensa carioca pela benevolência com que tratou a nossa burleta *O mambembe*, que será hoje representada pela 10ª vez no teatro Apolo.

A peça agradou também ao público; mas tem sido, infelizmente, perseguida pelo mais implacável inimigo das nossas empresas dramáticas: o mau tempo. Quando chove, o público do Rio de Janeiro não vai aos teatros, e tem toda a razão, porque nem estes são resguardados, nem o preço dos carros, depois dos espetáculos, é acessível a todas as bolsas.

Os empresários de Paris levantam as mãos para o céu quando chove, porque os parisienses nem por um decreto se deixam ficar em casa à noite, mesmo com mau tempo; no Rio de Janeiro é justamente o contrário: a chuva prolongada é a ruína do teatro.

O mísero *Mambembe* espera, pois, pelo bom tempo, para gozar plenamente da fortuna a que lhe dão o direito os aplausos da imprensa e os do público, e eu faço votos para que esse momento chegue quanto antes, não por mim, não pelo meu colaborador, que temos outras indústrias, mas pelos que não vivem senão do teatro.

– Tenho que reparar uma omissão involuntária do meu último folhetim: esqueci-me do ator Marques, um dos bons elementos da companhia Mesquita, o engraçado Chicara, do *Esfolado*, que no *Mambembe* deu todo o relevo ao papel de Vieira, o cômico filósofo, que no palco tem pilhas de graça e fora do palco é triste que nem um obituário. O velho artista bem sabe que eu não poderia esquecer-me propositalmente do *Príncipe de uma família fantástica* e do *general do casal das giestas*, dois papéis que o teriam colocado no lugar que lhe compete se ele não fosse precisamente um incorrigível mambembeiro.

– Permitam-me os leitores que eu ocupe ainda um grande espaço do folhetim em prol da peça nova. Apesar das notícias dos jornais, apesar do meu artigo de quinta-feira passada, muita gente continua a ignorar o que é mambembe. Amigos e anônimos pedem-me pelo correio que lhes dê a significação desse vocábulo bárbaro, como se eu já não houvesse dado. Vou, pois, transcrever nestas colunas o trecho da cena V do 1º ato, em que o ator Frazão explica a d. Rita e a Laudelina o que aquilo é:

*

"Frazão – Como a senhora sabe, a vida do ator no Rio de Janeiro é cheia de incertezas e vicissitudes. Nenhuma garantia oferece. Por isso, resolvi fazer-me como antigamente empresário de uma companhia ambulante, ou, para falar com toda a franqueza, de um mambembe.

As duas – Mambembe?

Frazão – Dar-se-á caso que não saibam o que é um mambembe? Nunca leram o *Romance cômico*, de Scarron?

As duas – Não, senhor.

Frazão – É pena, porque eu lhes diria que o mambembe é o romance cômico em ação e as senhoras ficariam sabendo o que é. Mambembe é a companhia nômade, errante, vagabunda, organizada com todos os elementos de que um empresário pobre pode lançar mão num momento dado, e que vai, de cidade em cidade, de vila em vila, de povoação em povoação, dando espetáculos aqui e ali, onde encontre um teatro ou onde possa improvisá-lo. Aqui está quem já representou em cima de um bilhar!

Laudelina – Deve ser uma vida dolorosa!

Frazão – Enganas-te, filha. O teatro antigo principiou assim, com Téspis, que viveu no século VI antes de Cristo, e o teatro moderno tem também o seu mambembeiro no divino, no imortal Molière, que o fundou. Basta isso para amenizar na alma de um artista inteligente quanto possa haver de doloroso nesse vagabundear constante. E, a par de incômodos e contrariedades, há o prazer do imprevisto, o esforço, a luta, a vitória! Se aqui o artista é mal recebido, ali é carinhosamente acolhido. Se aqui não sabe como tirar a mala de um hotel, empenhada para pagamento de hospedagem, mais adiante encontra todas as portas abertas diante de si. Todos os artistas do mambembe, ligados entre si pelas mesmas alegrias e pelo mesmo sofrimento, acabam por formar uma só família, onde, embora às vezes não o pareça, todos se amam uns aos outros, e vive-se, bem ou mal, mas vive-se!

LAUDELINA – E... a arte?

FRAZÃO – Tudo é relativo neste mundo, filha. O culto da arte pode existir e existe mesmo num mambembe. Os nossos primeiros artistas – João Caetano, Joaquim Augusto, Guilherme Aguiar, Xisto Bahia – todos mambembaram, e nem por isso deixaram de ser grandes luzeiros do palco.

LAUDELINA – Mas de onde vem essa palavra, mambembe?

FRAZÃO – Creio que foi inventada, mas ninguém sabe quem a inventou. É um vocábulo anônimo trazido pela tradição de boca em boca e que não figura ainda em nenhum dicionário, o que aliás não tardará muito tempo. Um dia disseram-me que em língua mandinga, mambembe quer dizer pássaro. Como o pássaro é livre e percorre o espaço como nós percorremos a terra, é possível que a origem seja essa, mas nunca o averiguei."

*

Espero que, depois dessa explicação categórica, ninguém mais me perguntará o que é mambembe.

Houve, no teatro, quem receasse que, tratando-se de um vocábulo desconhecido, esse título prejudicasse o êxito da peça; mas, que diabo! aí estava o exemplo da *Mascote*. Ninguém sabia o que significava, mas isso não impediu que a opereta fosse representada cem vezes seguidas.

A. A.

Jornal *A Notícia*, 22/12/1904
O Teatro

Enquanto no Apolo o *Mambembe* não é substituído pelo *Pouca sorte*, um título que lhe ficava ao pintar, a empresa recorreu ao *Gato preto*, cujo reaparecimento está marcado para amanhã.

O pobre *Mambembe* será representado segunda-feira próxima em récita dos autores. É uma boa ocasião que se oferece ao público para manifestar-lhes o seu desagrado. Disseram-me que um grupo de espectadores nomeou uma comissão para desancá-los com uma carga de pau, de modo que eles tão cedo não se lembrem de escrever outra peça decente.

A. A.

Jornal *O País*, 26/12/1904
Sobre Teatro

O meu ilustre colega *Pangloss*[1] escreveu anteontem, nesta folha, que "o teatro entre nós só existe para a abjeta revista e pornografias do mesmo jaez".

A frase tem um fundo cruel de verdade; mas é de justiça atenuar a culpa que nisso possa caber aos empresários, aos artistas e aos escritores. Se uma comissão fosse nomeada para apurar, no caso as respectivas responsabilidades, ver-se-ia talvez mais embaraçada que as autoridades incumbidas de esclarecer os sucessos de 14 de novembro; mas não há dúvida que o resultado do inquérito seria favorável àqueles pobres diabos.

---

1. Crônica de Alcindo Guanabara, sobre a situação do teatro brasileiro.

Dias Braga, que, se já não é o empresário do Recreio, continua a ser o diretor dos artistas ali reunidos em associação, procurou, depois do prodigioso sucesso do *Cá e lá...*, atrair os espectadores com uma peça quase literária, em que houvesse o chamariz da encenação e da música, mas sem nenhuma preocupação pornográfica: pôs em cena a *Fonte Gastália*. O resultado foi negativo: a peça, muito bem recebida pela imprensa, e entusiasticamente aplaudida pelo público da primeira representação, caiu miseravelmente, causando grave prejuízo ao teatro.

Na impossibilidade de reagir contra a vontade do público, fez a empresa o que devia fazer para seguir à risca o axioma prático do *primo vivere*: pôs em cena o *Avança*, que, se não teve, como o *Cá e lá*, as honras do triunfo, pelo menos não desapareceu no porão do teatro ao cabo de uma dúzia de representações.

Portanto, Dias Braga, a quem se deve, toda a gente o sabe, as mais nobres, as mais sinceras, as mais desinteressadas tentativas do teatro sério, digno de uma plateia inteligente e educada, não fez mais que seguir o caminho traçado pela soberania do público...

Francisco de Mesquita, o empresário do Apolo, encontrou uma verdadeira mina no *Esfolado*, isso não o impediu, entretanto, de encomendar ao malsinado autor da *Fonte Castália* uma peça a cuja representação o pai mais escrupuloso pudesse levar a filha donzela.

Honrado com essa encomenda e desejoso de aviá-la, o ressabiado comediógrafo solicitou a colaboração de José Piza, que nalguns trabalhos ligeiros lhe parecera ter revelado as melhores disposições para a literatura dramática. Daí o *Mambembe*, que teve a fortuna de dar aos nossos críticos mais avisados a sensação de um renovamento do teatro nacional.

Faltava-lhe, porém, o tempero, sem o qual não há peça que não repugne ao paladar do nosso público: faltava-lhe a pornografia de que fala *Pangloss*, faltava-lhe mesmo a ambiguidade e a malícia, tão ao sabor da maioria dos espectadores, e, apesar de certas concessões feitas ao vulgo, como fosse uma apoteose absurda, muito justamente criticada pelo *Jornal do Comércio*, o *Mambembe* morreu do mesmo mal de sete dias que vitimou a *Fonte Castália*.

O público, devo reconhecê-lo, mostrou-se desejoso de gostar da peça: assistindo às representações, um observador com certa prática notaria que ele estava sôfrego pelas ambiguidades mais ou menos pornográficas, e punha malícia em tudo, com aquele risinho significativo do espectador que se quer mostrar esperto e a quem não há sutileza que escape. O nome de *Pito Aceso*, que aliás figura, ou deve figurar na geografia nacional, despertou uma hilaridade expressiva: um espectador ao sair dizia a outro num tom radiante: – Aquela do *Pito Aceso* é forte, mas foi bem sacada!

Entretanto, não havia na peça bastante pornografia, a peça estava condenada.

No teatro atribuíram à chuva o insucesso do *Mambembe*. Efetivamente, quinze representações foram realizadas debaixo d'água, e o mau tempo é o pior inimigo da nossa indústria teatral. Não duvido que ele concorresse para o desastre; mas o caso é que as chuvas cessaram, e nem por isso o público foi ao Apolo...

Já vê, *Pangloss*, que os nossos empresários e artistas estão na tristíssima contingência de explorar "a abjeta revista e pornografias do mesmo jaez", se não quiserem morrer de fome. Por isso, o Recreio fez uma *reprise* frutuosíssima do *Cá e lá*, que está com perto de 150 representações; por isso o Apolo já anuncia o *Pouca sorte*, peça do gênero livre do Palais Royal; por isso anteontem a companhia Eduardo Vitorino reinaugurou os seus espetáculos no Lucinda com as *Pílulas de Hércules*, afrodisíaco em três atos, reservando para depois o *Frei Luís de Souza*, de Almeida Garret.

*

Todavia, não condenamos em absoluto a entidade *público*. O povo divide-se em duas partes: uma que trabalha, outra que quebra lampiões:

o público também se divide em duas partes, e, ou eu me engano, ou a parte sã perdeu completamente o hábito de ir ao teatro...

Da sociedade então não falamos. Há muito que ela abandonou os nossos artistas ao deus-dará, e só vai à ópera, ou a espetáculos das companhias estrangeiras, que nem sempre valem as nossas.

A grande função do Teatro Municipal, se for bem dirigido, será consociar a sociedade com a arte dramática brasileira, e acabar com esse injusto desdém a que foram condenados os nossos artistas. Para chegar a esse resultado benéfico, seria preciso organizar desde já e fazer funcionar num teatro alugado uma companhia dramática, em que se juntassem os melhores elementos que ainda nos restam, de modo que, concluído o Teatro Municipal, houvesse, para inaugurá-lo, um conjunto de artistas exercitados, afinados uns com os outros, conjunto que seria o núcleo de onde mais tarde saísse a companhia ideal e a escola dramática dos meus sonhos.

*

No meu último folhetim da *Notícia* propus – e o torno a fazer agora com todo o ardor – que se aproveitassem, nessa tentativa, ou antes –, nessa obra de regeneração artística, os serviços de Lucinda Simões, que há dias chegou a esta capital, e não se furtará, creio, a pôr o seu talento e a sua experiência em prol de um país onde só tem amigos e admiradores, e que, se não é a sua pátria, é a pátria de seus filhos.

Lucinda é, incontestavelmente, a primeira atriz do nosso idioma; sabe todos os segredos do palco e é uma ensaiadora de primeira ordem; conhece a organização dos melhores teatros da Europa e tem tratado com os primeiros artistas do mundo. A quem poderemos recorrer com mais aviso para a realização do projetado renovamento?

A sociedade carioca, essa que não vai às representações dos nossos artistas, adora-a; o seu nome no programa de um espetáculo abala Botafogo, Laranjeiras, o *high-life*, enfim; o seu nome à frente do Teatro Municipal daria a esse esforço de patriotismo e de arte um grande tom de seriedade, sem o qual pouco se conseguirá.

Lembremo-nos que, depois dos bons tempos do Ginásio, foi Lucinda Simões e o grande Furtado Coelho que nos deram um simulacro de teatro de primeira ordem; lembremo-nos que foi ela a primeira e única artista que nos fez conhecer Ibsen em português, e atraiu às representações da *Casa de boneca* a sociedade e a parte sã do público, isto é, todos aqueles que se não comprazem unicamente com "a revista abjeta e pornografias do mesmo jaez".

*

Neste momento por uma feliz casualidade, um teatro novo, o Carlos Gomes, ex-Santana, adquirido e completamente reformado pelo Sr. Pascoal Segreto, presta-se admiravelmente ao fim que proponho. Arrende a Municipalidade esse teatro, peça a Lucinda Simões que organize para funcionar nele, desde já, a companhia destinada ao Teatro Municipal, ofereça ao público (ao bom público) espetáculos decentes e baratos, e maldito seja eu se, entregue a empresa a um administrador inteligente e honesto, não houver no fim dessa temporada inicial um saldo relativamente considerável nos cofres municipais.

*

Não é um visionário nem um utopista quem estas coisas escreve: é um homem que vê de perto o cume da montanha da vida, e tem durante longos anos pensado maduramente nos meios de instituir no seu país o teatro nacional, sem sacrifício para os contribuintes.

Façamos de Lucinda Simões a fada protetora do nosso teatro.

ARTUR AZEVEDO

P.S. Realiza-se hoje à noite a récita dos autores do *Mambembe*.

Orgrafic
Gráfica e Editora
tel.: 25226368